Nationalliberale Partei,

nationalliberale Preſſe

und

höheres Gentlemanthum.

Von einem Nichtreichsfeinde.

Vierte Auflage.

Springer-Verlag Berlin Heidelberg GmbH

1876.

ISBN 978-3-662-33489-8   ISBN 978-3-662-33887-2
DOI 10.1007/978-3-662-33887-2

$\mathfrak{V}$or etwa Jahresfrist, einige Wochen vor dem letztverflossenen ersten April führte, wie sich aufmerksamere Zeitungsleser vielleicht noch erinnern, die officiöse, inspirierte und ein Theil derjenigen Presse, die sich stets sehr beleidigt fühlt, wenn sie mit jenen beiden Sorten in einen Topf geworfen wird, einen mächtigen Coup aus. Ein sehr ernstes Ereigniß wurde für jenen Tag in Aussicht gestellt; ein Ereigniß, das in der That eigentlich zu ernst war, um zum Gegenstande von officiösen, inspirierten und „unabhängigen" Stil= und Gedankenübungen gemacht zu werden. Allerdings lag ein mildernder Umstand darin, daß die Art der Behandlung von vorneherein keinen Zweifel darüber bestehen ließ, daß lediglich ein officiös=inspiriert=unabhängiger Aprilscherz vorlag, so daß ein Jeder, der von den betreffenden Auslassungen Notiz nahm, es sich lediglich selbst zuzuschreiben hatte. Die Kanzlerkrisis — natürlich handelte es sich um diese zu einem integrierenderen Theile der Reichs=Verfassung als irgend ein geschriebener Paragraph gewordene Reichseinrichtung — war allerdings schon so oft in den officiös=inspiriert=unabhängigen Spalten erschienen, daß, wenn das abgetriebene Pferd wirklich mit aller Gewalt noch einmal vorgeritten werden sollte, dies anständigerweise nur in ganz neuer Aufzäumung vor sich gehen konnte. Dies geschah, und zwar überraschte die Costümierung, dem lustigen ersten April entsprechend, durch ihre Heiterkeit. Nach den Darstellungen der gedachten Blätter, von denen die einen als inspiriert den wahren Sachverhalt genau kennen mußten, die andern viel zu „unabhängig" waren, um sich, wie weiland Benedetti eine Note im auswärtigen, so einen Artikel im Reichskanzleramt dictieren zu lassen, und deren vereintes Zeugniß also gewiß klassisch ist, war

1*

der Zustand des Kanzlers, auf den die Krisis begründet wurde, ein höchst seltsamer, an Seltsamkeit im Allgemeinen, wenn auch nicht in den einzelnen Erscheinungen, nur dem einer Stigmatisierten oder dem des schlafenden Ulanen in Potsdam vergleichbarer. Der Kanzler befand sich danach nicht mehr, wie gewöhnlich bisher nach den officiös-unabhängigen Mitteilungen in dem einen oder dem andern der beiden Extreme, zwischen denen der Gesundheitszustand der Erdensöhne hin und her zu schwanken pflegt, sondern gleichzeitig in beiden zusammen — gewiß ein Einfall, wie ihn selbst Officiöse und „Unabhängige" nur selten und nur dann haben, wenn eine große Stunde die Geburt eines großen Gedankens gebieterisch fordert. Der Kanzler war also, um den Wortlaut der ergangenen Kunde möglichst getreu wiederzugeben, in seiner Nervenzerrüttung plötzlich auf einen Punkt angelangt, der es ihm behufs Vermeidung der Auflösung seines irdischen Theils zur unbedingten Pflicht machte, seine Aemter und Würden zum ersten April (doch gab die Pythia zu verstehen, daß es vielleicht noch ein paar Tage länger dauern könne) niederzulegen, ihm jedoch gleichzeitig gestattete: erstens eine rege parlamentarische Thätigkeit zu entfalten und somit zweitens im Reichstage und drittens im preußischen Herrenhause der Mittelpunkt des parlamentarischen Lebens zu werden, in weiterer Folge dann viertens das Schwergewicht des Staatslebens mehr in die parlamentarischen Versammlungen hinüberzuschieben, unbeschadet dessen jedoch fünftens seinen bisherigen Verrichtungen als stärkste Stütze des Thrones weiter obzuliegen und endlich sechstens nicht nur nach wie vor die Zielscheibe der Ultramontanen in Gedanken, Wort, Schrift, Bild, Druck und That zu bleiben, sondern daß siebentens in noch erhöhtem Maaße zu werden. Dieser Zustand war selbst in officiösen und „unabhängigen" Blättern nicht lange haltbar und die Mittheilung ließ demgemäß nicht auf sich warten, daß der Kanzler in Folge der rechtzeitig angelangten Encyclica nicht nur gesünder sei wie je, sondern eigentlich nie krank gewesen war. Die ganze Feinheit und Meisterschaft der Officiösen, Inspirierten und „Unabhängigen" bei diesem Streiche ist leider gar nicht erkannt worden. Diese Personen hatten in Wirklichkeit nichts Geringeres gethan, als dem Papste und dem vatikanischen Concile ein gehöriges Paroli geboten und gezeigt, daß sie dasselbe könnten, wie jene. Ebenso wie der Papst viele Jahrhunderte hindurch nur im Vereine mit dem Concil unfehlbar gewesen war, im Jahre 1870 aber durch das Vaticanum für seine Person allein unfehlbar wurde, und zwar gleich dermaßen, daß er es schon von jeher gewesen war, also auch hatten die Officiösen, Inspirierten und „Unabhängigen" den Reichskanzler aus schwerem Leiden mit einem Schlage der= maßen gesund gemacht, daß er überhaupt nie krank gewesen war.

Es ist eine ebenso bekannte, wie wunderbare psychologische Thatsache, daß der Mensch unter Umständen eine unerklärliche Neigung und Fähigkeit entwickelt, gerade auf solche Eigenschaften und Handlungen stolz zu sein, um deren willen er nach den ein= fachsten Begriffen und Regeln des Anstandes und der Sittlichkeit alle Veranlassung zur Verhüllung seines Hauptes hätte. So hier. Die „Unabhängigen" dürsteten danach, weitere Proben ihres Geistes und ihrer „Unabhängigkeit" abzulegen. Die schweigende Mißachtung, mit der solcherlei Harlekinaden auf Bestellung von allen denkenden und anständigen Leuten ohne Unterschied der politischen Farbe auf= genommen werden, und mit der auch diese aufgenommen worden ist, ist augenscheinlich von deren Verfassern und Verbreitern nicht gefühlt, oder über den Eindruck, der damit auf den urtheilslosen und sensationslustigen großen Haufen erzielt worden sein mag, über= sehen oder auch am Ende gar für staunende Bewunderung über das Unterrichtetsein der betreffenden Blätter gehalten worden. Wie dem auch sei, die zweite Auflage erfolgte. Das Gefühl des Ekels über den officiös=inspiriert=unabhängigen Kriegslärm im Monate Mai und über die unmittelbar darauf folgende officiös=inspiriert=unab= hängige Selbstdementierung und Selbstinsgesichtschlagung, wobei das betreffende Preßvolk bald noch der Erfüllung einer patrio= tischen Pflicht sich rühmte, bald mit der Verlogenheit eines nach jeder Seite hin, wo die Peitsche nicht unmittelbar droht, frechen Sclaven behauptete, nur die von der auswärtigen Presse — die in diesem Falle wirklich unschuldiger war, denn ein neugeborenes Lamm — aufgethürmten Wolken haben zerstreuen zu wollen, bald sich untereinander beschuldigte und denuncierte, war zu groß und ist vielleicht noch heute zu frisch, als daß zu einer Wiedererzählung des Verlaufs im Einzelnen Veranlassung vorläge. Die Sache hat ihren würdigen und wirklich hoch erfreulichen Schluß dadurch er= halten, daß von derselben Stelle her — welche, beiläufig bemerkt, nicht der Graf Harry v. Arnim ist, gegen welchen man den Achsel= zuckungsparagraphen gemacht hat — von wo der Presse der Stoff zu all dem Lärm geliefert wurde, und aus liebedienerischer Ge= fälligkeit gegen welche sie denn auch ohne alle Rücksicht auf den Frieden Europas und die Wohlfahrt und die Würde des eigenen Vaterlandes, wie blind und toll drauf los lärmte, ihr schließlich, als der russische Kaiser sein bekanntes Machtwort gesprochen hatte, erklärt wurde, daß sie sich „täppisch" benommen habe, und daß von ihren Diensten kein weiterer Gebrauch mehr gemacht werden würde. Die verzweifelten, darauf folgenden Versuche der „täppischen" Presse — worunter natürlich sämmtliche auf Ordre kriegsgelärmt habende Blätter, darunter einige „unabhängige" von recht großem Umfange zu verstehen sind — in das geohrfeigte Gesicht einen hochmüthigen Zug hineinzuquetschen und über die Entbehrlichkeit von Regierungsmittheilungen für unabhängige Blätter zu predigen, waren zum Weinen. Natürlich war weder die Drohung, noch die zur Schau getragene Gleichgültigkeit dagegen ernstlich gemeint. Das Preßbüreau im Ministerium des Innern besteht bekanntlich nach wie vor, der Reptilienfonds, diese scheußliche Einrichtung, bleibt dem edlen Zwecke der Verbreitung gegen Entgelt von Nachrichten und Ansichten, die kein Mensch umsonst verbreiten würde, auch für die Zukunft erhalten und im Reichskanzleramt wird schon Vorsorge getroffen sein, gutgesinnten Preßleuten, wenn sie herzinniglich darum bitten, von Zeit zu Zeit irgend eine zähe alte Ente vorzuwerfen, die es aushält, behufs Erreichung irgend welcher Nebenzwecke einige Wochen lang täglich durch einige hundert Spalten ge= zogen zu werden.

Wenn demjenigen Theile der nationalliberalen Presse, um den es sich hier handelt, weiter nichts vorzuwerfen gewesen wäre, als die beiden besprochenen Leistungen, oder auch nur eine derselben,

so wäre damit schon bewiesen, daß derselbe auf das Niveau der officiösen Presse herabgesunken ist. Denn das letzte und wider=
lichste Characteristicum der Officiösen besteht darin, daß sie als bezahlte Lakaien, ohne Rücksicht auf persönliche Ueberzeugung und persönliche Ehre schreiben und sich in ihrer unterwürfigen Haltung durch Püffe und Fußtritte, an denen es wahrhaftig für die „täp=
pische" Presse zu keinen Zeiten gefehlt hat, nicht beirren lassen, ganz wie es einem guten Lakaien des ältern Lustspiels geziemt. Dabei fällt nicht ins Gewicht, ob die betreffende „unabhängige" Presse einmal einen Schmerzensschrei ausstößt, denn das thun jene Lakaien auch; noch, daß die „unabhängige" Presse gelegent=
lich mit der eigentlich officiösen sich in die Haare geräth, denn sie zeigt dadurch nur, daß sie sich eben zu schlagen und zu ver=
tragen versteht; noch endlich, ob die Bezahlung in Geld oder in Gefälligkeiten — wirklichen oder solchen, die in unglaublicher Verblendung dafür gehalten werden — erfolgt. Um ganz zu er=
messen, was es eigentlich für den betreffenden Theil der „unab=
hängigen" Presse heißt, officiös zu sein, muß man sich gewärtig halten, was die officiöse Presse ist und bedeutet, und als was sie von der gesammten freisinnigen Presse, einschließlich der hier in Rede stehenden „Unabhängigen" einst in besseren Zeiten unter dem ungetheilten Beifall der öffentlichen Meinung gekennzeichnet worden ist. „Die officiöse Presse", so lautete der in der That unanfechtbare Wahrspruch, „ist ihrer Natur und dem Grunde „ihres Daseins nach etwas unbedingt und an sich Schlechtes. „Sie verdankt ihr Dasein entweder der Ueberzeugung der Re=
„gierung, für ihre Politik freiwillige Vertheidiger in hinreichender „Zahl und von genügender geistiger und sittlicher Stärke nicht zu „finden und daher dem Bedürfniß, zu diesem Behufe käufliche „Subjekte zu kaufen; oder dem Hintergedanken der Regierung, „ihre Freunde zu irgend einer Zeit zu verrathen, und daher dem „Bedürfniß, für alle Fälle eine Rotte besoldeter Lobpreiser zur „Verfügung zu haben; oder endlich dem Wunsche der Regierung, „behufs Erreichung irgend welcher, vielleicht rein persönlicher und „ganz untergeordneter, vielleicht nicht einmal anständiger und sitt=

„licher Nebenzwecke ein stets bereites Werkzeug zur Täuschung,
„Ablenkung, Irreführung der öffentlichen Meinung zu besitzen,
„für das keine Verantwortlichkeit übernommen zu werden braucht.
„In Ergänzung ihres unehrlichen Ursprungs aber trägt die offi=
„ciöse Presse noch stets den besondern Stempel der Unehrlichkeit,
„weil sie unter dem äußern Scheine einer Staats=Einrichtung,
„als solche aus öffentlichen Geldern, also auf Kosten ihrer Opfer
„bezahlt wird und in Wahrheit nie etwas anderes ist, als die
„giftigste Parteiwaffe, welche ihre erfahrungsmäßig besonders takt=,
„maß= und würdelosen Angriffe gerade gegen die besten und über=
„zeugungstreuesten Männer des Landes richtet, und dabei noch eine
„unbillige Sicherstellung vor dem Strafgesetze genießt, da ihre
„Patrone bei der gegenwärtigen Lage der Gesetzgebung vollkom=
„men im Stande sind, sie in dieser Hinsicht zu schützen, außer
„etwa gegen eine armselige Beleidigungsklage im Civilverfahren;
„während wenn ein wirklich unabhängiges Blatt ein der Regierung
„nicht genehmes Wort spricht, sofort Himmel und Hölle, Polizei,
„Staatsanwaltschaft und Gericht in Bewegung gesetzt werden.
„Wenn die Regierung, die Ueberfluß an Mitteln hat, auf geradem,
„offenem Wege, mehr wie Tageshelle über ihre Ab= und Ansichten
„zu verbreiten, zu der officiösen Presse greift, so ist nicht die Aus=
„breitung von Licht, sondern von Dunkelheit dabei Absicht und
„Wirkung. Der daraus für die officiöse Presse ins Feld geführte
„Grund ist also kein Grund, sondern eine Lüge. Der Schluß,
„daß die officiöse Presse einen dunklen und faulen Fleck im
„Staatsleben bedeutet, geht aus den Bedingungen ihres Daseins
„mit solcher mathematischen Genauigkeit hervor, daß es eines
„Hinweises darauf kaum noch bedarf, daß das Treiben der offi=
„ciösen Presse genau in demselben Verhältniß an Ekelhaftigkeit
„und Einfluß gewinut, als eine Regierung unter unabwendbarer
„Verunreinigung des ganzen öffentlichen, zum Theil selbst auch
„des privaten Lebens sich von dem Ideal, der wahre Ausdruck
„des Volkswillens zu sein, entfernt und der Leidenschaft, der
„Selbstsucht, dem schlechten Ehrgeize und den Vorurtheilen fröhnt:
„mit einem Worte sich als Selbstzweck betrachtet; — von dem

„glücklichen Zustande des Inselreichs, wo jenes Ideal zur Wahr=
„heit geworden und der Begriff der officiösen Presse unbekannt ist,
„an bis hinab zu der napoleonischen Regierung, wo eine officiöse,
„zu jeder Speichelleckerei, zu jeder Lüge, zu jeder Verläumbung
„entschlossene Presse für eins der mächtigsten Stütz= und Binde=
„mittel eines durch und durch verfaulten Staats=, Regierungs=
„und Gesellschaftswesens galt.“ So sprach man damals und mit
Recht. Denn als, um nur ein einziges Beispiel des Werthes und
der Wahrhaftigkeit officiöser Versicherungen anzuführen, im consti-
tuierenden Reichstage des norddeutschen Bundes der Antrag auf
Diätenbewilligung gestellt wurde, da regnete es von officiösen
Betheuerungen und Schwüren, daß die Reichsverfassung mit
diesem Zusatze für die Regierungen absolut unannehmbar sein
würde; kaum aber war die gewünschte Wirkung erzielt, als sich
der Reichskanzler das eigentlich nicht ganz diplomatische, aber wie
sich nachmals herausgestellt hat, der nationalliberalen Partei und
Presse gegenüber unschädliche Vergnügen machte, es laut zu er=
zählen, daß er nicht nur die Diäten, sondern noch ganz andere
Dinge in den Kauf genommen hätte — was man sich eigentlich
mit einem Mindestbetrag von politischer Einsicht hätte selber vorher
sagen können. Die officiöse Presse hat in den letzten Jahren wahr=
haftig nichts gethan, was dieses Verdikt anzufechten geeignet wäre;
wohl aber ist ein großer Theil der früher unabhängigen national=
liberalen Presse zu dem von ihr selbst als Pestsumpf geschilderten
Zustand hinabgestiegen. Sie hat sich damit zu etwas Schlechterem
und Verderblicherem gemacht, als die officiöse Presse selbst. Denn
vor der als officiös bekannten Presse kann man sich schützen,
indem man sie nicht liest, und der Sinn des deutschen Volkes
ist gesund genug, um dieses Schutzmittel recht reichlich in An=
wendung zu bringen. Aber wenn ein bis dahin unabhängiges,
freisinniges Blatt, dessen Benutzung der Regierung natürlich aus
eben diesem Grunde über alles erwünscht ist, sich officiös von der
Regierung zu Zwecken gebrauchen läßt, die weder mit den allge=
meinen Aufgaben der Presse, noch mit der besondern des betref=
fenden Blattes als Parteiorgan zusammenfallen, ja mit der Er=

füllung der letzteren in schroffem Widerspruche stehen, wenn es,
anstatt die politischen Grundsätze, die es zu vertheidigen noch vor-
gibt, gegenüber der Regierung zu vertreten, die öffentliche Meinung
im Sinne der Regierung gegen diese Grundsätze gleichgültig oder
feindlich zu machen sucht, so treibt es Schacher mit seinem früher
erworbenen guten Ruf und macht das Publicum, das in seiner
großen Masse die Sachlage nicht sogleich durchschaut und dem
Blatte gewohntermaßen noch eine oft geraume Zeitlang folgt, zum
Opfer dieses Schachers.

Es sind nicht sowohl einzelne hervorragende Thatsachen —
obwol es an solchen keineswegs fehlt — welche diesen Vorwurf
für die nationalliberale Presse in so schwerem Maaße begründen;
es ist nicht einmal an erster Stelle ihre Haltung in der Militair-
frage zu Ostern 1874, wo sie die Volksvertretung vom Volke zu
isolieren suchte, wo sie sich bemühte, nach Art der scheußlichen napoleonischen Regierung einen appel au peuple ins Werk zu setzen,
wo die verfassungsmäßigen Freiheiten und Rechte von Volk und
Volksvertretung in den Händen reactionärer Hofcoterien nicht
schlechter hätten gewahrt sein können, als bei der nationalliberalen
Presse; sondern es ist jene fortgesetzte Maulwurfsarbeit, mit der
seit Jahren und in immer zunehmender Untreue gegen ihre noch
als Aushängeschild gebrauchten Grundsätze und die ihr dadurch
obliegenden Pflichten die nationalliberale Presse die auf der politischen Bühne sich abspielenden Ereignisse beleuchtet, gruppiert, ver-
schweigt, mit der sie Betrachtungen anstellt, wiedergibt, unterläßt.
Es ist dies zuletzt in einem Maaße geschehen, daß es nur drei
Erklärungen dieser Erscheinung gibt: entweder, die nationalliberale
Presse weiß nicht, was auf dem Spiele steht und welchen Staats-
maximen sie in die Hände arbeitet, dann ist es die äußerste
Schwachsinnigkeit, welche sie leitet, oder sie erkennt wol die Lage,
wagt aber nicht nach dem höheren Ziele zu streben, aus Furcht
vor dem dunklen Thale, durch welches vielleicht der Weg dahin
auf eine kurze Zeit geht, dann ist es Feigheit, oder aber sie ist
erkauft.

Die Regierung erstrebt offen den Scheinconstitutionalismus,

das ist diejenige Regierungsform, in welcher die Volksvertretung zwar die Verantwortlichkeit für die Leitung der Staatsgeschäfte von den Schultern der Regierung ab- und auf sich übernimmt, ihre Rechte aber darauf beschränkt findet, eine Aenderung der bestehenden Gesetzgebung und die Auflage neuer Steuern zu verhindern und den Etat festzustellen, während sie von einem jeden Einflusse auf die Zusammensetzung der Staatsregierung, auf die Handhabung sämmtlicher Zweige der Verwaltung in sachlicher wie in persönlicher Beziehung, auf die Verbesserung der Gesetzgebung, auf die Forterhebung der bestehenden Steuern und auf die Anwendung und Auslegung der Gesetze, soweit es nicht der Regierung beliebt, ihr in einzelnen Fällen einen solchen Einfluß aus praktischen Rücksichten zu gewähren, ausgeschlossen ist, und nicht einmal ein gesetzliches Mittel hat, um die ihr unzweifelhaft zustehenden erstgenannten Rechte sicher zu stellen, sobald die Regierung etwa unter dem Vorwande eines „Nothstandes" dieselbe über den Haufen zu werfen entschlossen ist. Die Regierung geht in dieser Richtung systematisch und mit detailliertester Sorgfalt vor. Alle staatlichen Einrichtungen der alten absoluten Regierungsform, auf dem Gebiete der Justiz wie der Verwaltung, sowie die später aus Frankreich eingeschleppten, welche vor allen Dingen die Regierung gegen die Gefahr, wirklich constitutionell und in Uebereinstimmung mit den Willen der Volksvertretung regieren zu müssen, zu schützen bestimmt sind, werden mit äußerster Hartnäckigkeit festgehalten und als „conservativ" vertheidigt, gleichgültig, ob sie aus der alten preußischen, aus der Zeit Ludwig XIV., oder aus der Zeit der französischen Schreckensherrschaft stammen. Wo aber etwa Einrichtungen bestehen, die mit dem, was man während der gräuelvollen bundestäglichen Zeit das „monarchische Princip" nannte, nicht zu stimmen scheinen, geht die Regierung über ganz positive Verfassungsbestimmungen hinweg und darauf aus, dieselben unwirksam zu machen. Zugleich aber wird durch Wort, That und Unterlassung darauf hingearbeitet, zunächst in den Gemüthern der großen Masse und dann je mehr und mehr in den Gemüthern der mit Politik sich Beschäftigenden, soweit irgend

möglich, den bloßen Gedanken und die Verstellung des wahren
Constitutionalismus nicht aufkommen zu laffen, jedenfalls ihn zu
trüben und zu verwirren. Der Beispiele find Legion, und ein
jeder, der fich in den letzten Jahren um den Gang der öffent=
lichen Angelegenheiten bekümmert hat und fich erinnert, was von
Seiten der Regierung während diefer Zeit gefprochen, gedruckt,
gethan und nicht gethan worden ift, kann fie aus dem Stegreife
zu Hunderten herzählen. Im Jahre 1868 erklärte der Reichs=
kanzler, lieber auf die geforderte Marineanleihe verzichten und die
junge Flotte verfallen laffen zu wollen, als ein Amendement an=
zunehmen, das die civilrechtliche Verantwortlichkeit der mit der
Aufnahme, Verwaltung und Verwendung der Anleihe befaßten
Beamten feftftellte und fomit nur einen der einfachften und un=
erläßlichften Grundfätze der conftitutionellen Regierung Genüge
that. Fünf Jahre darauf verlangte bei der Unterfuchung über
den großen Eisenbahnhandel die Regierung eine Verzichtleiftung
des Landtags auf fein verfaffungsmäßig gewährleiftetes Recht, aus
eigener Machtvollkommenheit eine Unterfuchungscommiffion zu er=
nennen, indem fie nicht undeutlich zu verftehen gab, daß fie im
Falle des Widerfpruchs lieber — genau wie es zur Zeit des
Conflikts gegenüber der Unterfuchungscommiffion über die Wahl=
beeinfluffungen gefchehen war — der rein parlamentarifchen Un=
terfuchungscommiffion alle Hinderniffe in den Weg legen und den
Scandal unaufgedeckt laffen würde. Leider gaben in jenem Falle
der Reichstag und in diefem das Haus der Abgeordneten — edel=
müthig und patriotifch — nach, obwohl fie wahrhaftig in beiden
Fällen nicht das Urtheil der Nation zu fcheuen gehabt hätten und
ein Beharren auf ihrem Standpunkte vielleicht einen Patriotismus
höherer Ordnung dargeftellt hätte. Es genügt, daß jemand der
Mehrheit der Abgeordneten angehört, derfelben Mehrheit, von
welcher die Regierung die unbedingtefte Hingabe fordert und er=
langt — um ihm den Weg ins Minifterium hoffnungslos zu
verfchließen — mögen feine Talente, feine Gefchäftskenntniß, feine
Beredfamkeit, feine Vaterlandsliebe, feine ganze äußere und innere
Perfönlichkeit ihn noch fo fehr und noch fo anerkanntermaßen

dazu befähigen. Es ist bekannt, wie sehr oft die Verwaltungs=
maßregeln höherer und niederer Behörden und ihre Art der An=
wendung der Gesetze den Wünschen der Volksvertretung und ihrer
oft ganz unzweifelhaften Absicht beim Erlasse der Gesetze wider=
sprechen, ohne daß Abhilfe zu erlangen ist. Es ist bekannt, wie
oft die Aeußerungen vom Tische des Bundesraths und die Aus=
drücke in der officiösen Presse darauf berechnet sind, unklare Vor=
stellungen zu erzeugen, als ob der Reichstag von der Regierung
Weisungen anzunehmen hätte und abhängig von ihr wäre.
Aeußerungen, wie die jüngste des hessischen Herrn Hofmann,
würden gar nicht vorkommen können, wenn nicht eine solche Ab=
sicht — im einzelnen Kopfe für den einzelnen Fall vielleicht un=
bewußt — vorhanden wäre, oder die falschen und verkehrten An=
sichten nicht schon bis in die Köpfe von Bundesrathsmitgliedern
sich verstiegen hätten. Es ist bekannt, wie unsäglich oft die Wünsche
der Volksvertretung mißachtet werden, von Kleinigkeiten, wie der
Zusammenberufung des Reichstags ohne genügende Vorarbeiten
und einzelnen Personenfragen an, bis zu den grundsätzlichsten,
sachlich begründetsten, zum Theil mit großer Einmütigkeit gefaßten
Beschlüssen, wie den Anträgen auf Diätenbewilligung, auf Einfüh=
rung gesetzmäßiger Zustände in Lippe und Mecklenburg, auf die
Schonung von Mitgliedern des Reichstags vor Verhaftung wäh=
rend der Dauer der Session — selbst wenn, wie im letzten Falle,
die Gründe des abgelehnten Antrags in demselben Augenblicke
für zutreffend erkannt und als Unterlage eines Gesetzentwurfs be=
nutzt werden, der weit geringeren Mißlichkeiten abzuhelfen bestimmt
ist, aber freilich solchen, von denen unter Umständen auch Mit=
glieder der Regierung betroffen werden können. Es ist aber leider
auch bekannt geworden, wie die Regierung, wenn die Volksver=
tretung Anträge verwirft, über deren sittliche und politische Ver=
werflichkeit außerhalb der unmittelbarsten Regierungskreise keine
Meinungsverschiedenheit herrscht und deren Inhalt in keinem ci=
vilisirten Staate verwirklicht ist, noch den Beleidigten spielt, sich
in ihren bezahlten Organen dafür preisen läßt, daß sie ihren
Willen dem Lande nicht mit Gewalt aufzwingt, zugleich aber auch

die Volksvertretung mit Beleidigungen überhäuft und ihr andeutet, daß sie die wahren Interessen des Landes nicht begriffe. Und doch sollte man meinen, daß abgesehen von der formellen Gleich= berechtigung beider Theile, die Zurückweisung einer Regierungsvor= lage durch die Volksvertretung thatsächlich eine weit weniger schroffe und harte Maßregel ist, als die Ablehnung eines Beschlusses der Volksvertretung durch die Regierung. Denn die Regierung ist nur des Volkes willen da, nicht umgekehrt; und die Regierung kann ja gehen und sicher sein, daß das Volk eine andere Regierung finden wird, aber das Volk kann nicht gehen. Das ist nicht parla= mentarische Doktrin und Theorie, sondern die Natur und das Wesen der Dinge. Die Verschleierung dieser unbestreitbaren und geradezu ewigen Wahrheit aber ist das unausgesetzte und unablässige Bemü= hen und der augenscheinliche Zweck der officiösen Presse. Des großen preußischen Verfassungsconflikts, durch welchen dem Volke zum ersten Male eine ruhige Klarheit über dieses Wesen der Dinge aufgieng, wird in der officiösen Presse bei jeder Gelegenheit, die sich irgend= wie dazu benutzen läßt, als einer glücklich überstandenen Thorheit der freisinnigen Parteien gedacht, sein Ausgang als ein einfacher und vollständiger Sieg der Regierung, als ein gründliches Zu= kreuzekriechen der freisinnigen und verfassungstreuen Opposition hingestellt. Jede mündliche oder schriftliche Aeußerung der Re= gierungsorgane in Parlament und Presse zielt darauf ab, im Volke die Vorstellung von einer ganz selbstständigen, um ihrer selbst willen vorhandenen, in sich selber ihren Ursprung und ihre alleinige Berechtigung tragenden Regierungsgewalt zu erwecken und zu befestigen, deren Willen nicht von ferne mit dem noch so oft, fest, ernstlich und einmüthig erklärten Willen des Volkes und seiner gesetzmäßigen Vertreter übereinzustimmen braucht und welche im Falle eines Widerspruchs nicht die mindeste Veranlassung hat, den positiven Wünschen der Volksvertretung Rechnung zu tragen, ja die eigentlich schon eine Abwehr ihrer Veränderungsgelüste als eine Unbill zu empfinden hat. Erst ganz vor Kurzem stellte die Provincialcorrespondenz eine Stockung des parlamentarischen Lebens in Aussicht, wenn die Volksvertretung den — bekannten reactionären — Anwandlungen der Regierung nicht besser Rechnung trüge. Das heißt doch einfach, daß nach Ansicht der Regierung die Willfährigkeit gegen sie der einzige Rechtstitel für das Dasein einer Volksvertretung ist. Aus der formellen Verfassungsbestim= mung, daß es zu einer Aenderung der Gesetzgebung der Zustim= mung der Regierung bez. der Regierungen bedarf, wird in schran= kenloser Ausdehnung gefolgert, daß jede in Regierungskreisen herrschende Laune, Velleität, Voreingenommenheit, die Regierung auch vom sittlichen Standpunkte aus vollkommen berechtige, den Willen der Volksvertretung außer Acht zu lassen. Nicht nur bei einseitigen Anträgen der Volksvertretung, sondern auch in den zahlreichen Fällen, wo es sich um eine unerläßliche neue Gesetz= gebung handelt, werden die in den Gesetzen der Logik nicht minder wie in den praktischen Erfahrungen anderer, stammesverwandter Völker höchst begründeten Beschlüsse der Volksvertretung einfach mit dem Bemerken zurückgewiesen, daß die Regierung mit der oder jener gesetzlichen Bestimmung nicht regieren könne, das heißt also ins Einfache und Praktische übersetzt, daß die gerade im Augenblick mit der Regierung betrauten Individuen entweder ihre Vorurtheile aufzugeben nicht Willens sind oder sich wirklich nicht genug Begabung zutrauen, mit denselben Gesetzen, mit denen andere Regierungen ihre Aufgabe in vollkommenster Weise er= füllen, auszukommen. Die stillschweigende Voraussetzung dabei ist, daß es das oberste und höchste Interesse des Staates ist, daß die gerade in der Regierung befindlichen Personen unverrückt darin bleiben oder wenigstens nicht von einer parlamentarischen Aktion zurücktreten. Daß der Kanzler von Zeit zu Zeit seinen Rücktritt in Aussicht gestellt hat, bestätigt bloß die Wahrheit dieser Behauptung. Denn er hat dies erst gethan, seidem er bei der Zusammensetzung und der Stimmung dieser und der vorausge= gangenen Volksvertretung — der deutschen sowohl wie der preu= ßischen — unbedingt sicher sein konnte, daß sein Rücktritt nicht würde angenommen werden und seine Rücktrittsdrohungen sind daher nie in der Absicht ausgesprochen worden, gegebenen Falls wirklich zurückzutreten, sondern in der, die Volksvertretung zu einem

Schritte zu treiben, der ihren Ueberzeugungen widerspricht. Sie tragen daher weit mehr einen autokratischen als einen parlamentarischen Charakter. Weder hat er jemals seinen Rücktritt in Aussicht gestellt, zu der Zeit, da er wußte, daß sich kein Finger für sein Bleiben im Amte regen würde, noch denkt je eines derjenigen Regierungsmitglieder, deren Rücktritt mit Gleichgültigkeit oder Befriedigung und deren Rücktritts-„Drohung" mit großer Heiterkeit aufgenommen werden würde, selbst bei tiefgreifenden Meinungsverschiedenheiten und den kläglichsten Niederlagen in ihrer tief geschädigten Stellung an ein solches Auskunftsmittel. In ein vollkommenes System gefaßt ist jene schiefe und unsittliche Auffassung von der Stellung der Regierung gegenüber dem Volke in jenem „geflügelten" Worte des Reichskanzlers, daß die parlamentarische Regierung ein Compromiß zwischen Volksvertretung und Regierung sei. Der sittliche Werth des Systems kann nicht besser gekennzeichnet werden, als durch dieses Wort; denn nichts ist falscher. Wie ein jeder weiß, der überhaupt von solchen Dingen etwas weiß, besteht die parlamentarische Regierung zwar in einem Compromiß verschiedener Parteien, oder kann wenigstens darin bestehen, nimmermehr aber in einem Compromiß zwischen Volk oder Volksvertretung und Regierung. Der Begriff der parlamentarischen Regierung schließt einen solchen Compromiß einfach um deßwillen aus, weil sie, im schnurgraden Gegensatze zu der Theorie der Deutschpreußischen Regierung, in jedem Augenblick der genaue Ausdruck der jeweiligen Mehrheit der Volksvertretung ist, und also von einem Compromiß zwischen Regierung und Volksvertretung so wenig die Rede sein kann, wie von dem Compromiß eines Menschen mit sich selbst. Compromittieren thut man mit einer fremden, gegnerischen Persönlichkeit.

Es ist überhaupt vor allem die Autorität des Kanzlers, welche zu Gunsten des Scheinconstitutionalismus in die Wagschale geworfen wird. Wenn nun die „unabhängige" nationalliberale Presse bei dieser Lage der Sache auf keinem freisinnigen Grundsatze so fest steht, wie auf der Forderung, daß die nationalliberale Partei dem Kanzler auf alle Fälle folge, und wenn sie selber thatsächlich die schließliche Erge-

bung in den Willen des Kanzlers als ihren leitenden Gedanken
hinstellt und demgemäß auch handelt, so bleibt unter den obwal=
tenden Umständen dafür keine andere Erklärungsart, als eine der
drei oben angeführten.

Wenn die „unabhängige" nationalliberale Presse dem syste=
matischen Vorgehen der Regierung und ihrer unmittelbaren Or=
gane nicht ebenso systematisch entgegentritt; wenn sie es ganz
unterläßt, ja der Regierung in diesem Bestreben durch Reden oder
Schweigen fortwährend zur Seite steht; wenn selbst die gröbsten
der eben bezeichneten Mißstände sie nicht zu einem offenen und
dauernd fortgesetzten Kampfe dagegen treiben können; wenn sie
die Auslassungen der Provincialcorrespondenz und sogar die der
Norddeutschen Allgemeinen Zeitung, und nicht bloß die eine That=
sache enthaltenden sondern auch die, die nur aus einem salbungs=
vollen oder ekelhaften Wortschwall bestehen, tagtäglich wiedergibt,
fast stets ohne Commentar, nur in den seltensten Fällen von einer
kurzen, überaus schwächlichen eigenen Bemerkung begleitet; wenn
sie bei einer etwaigen Polemik gegen diese officiösen Blätter es
stets deutlich zwischen den Zeilen lesen läßt, oft es ganz un=
zweideutig ausspricht, daß ihre Polemik überhaupt nur in der Vor=
aussetzung geführt wird, daß die Regierung mit ihrer entgegen=
stehenden scheinbaren Absicht nicht Ernst macht; wenn sie auf
diese Weise das Publicum daran gewöhnt, die Wiederholungen aus
den officiösen Blättern als den wichtigsten Theil ihres eigenen
Inhalts zu betrachten; wenn sie sich auf diese Weise zum Herold
der bureaukratischen absolutistischen Gelüste macht; wenn sie wo
möglich auf die früheren Verirrungen der Confliktszeit hochmüthig
herabblickt und sich freut, wie praktisch sie jetzt geworden sei; wenn
sie ein großes Wesen davon macht, wenn die Regierung einmal
in einer volkswirthschaftlichen oder untergeordneten Frage mit der
Volksvertretung übereinstimmt, die schroffen politischen Gegensätze
in den Anschauungen beider aber zu vertuschen oder sie durch ein=
faches Verlassen des seitherigen Standpunktes ihrerseits zu über=
brücken und zu tilgen sucht; wenn sie die Compromißtheorie, über
welche Tages zuvor, ehe sie aus so gewichtigem Munde ausge=

2

sprochen wurde, jeder einzelne ihrer Mitarbeiter verächtlich ge=
lächelt haben würde, zum Mittelpunkte ihres politischen Gesichts=
kreises macht, und sie von Tag zu Tag mit einer Gedankenlosig=
keit und Eintönigkeit wiederholt, deren ein halbwegs anständiger
Papagei sich schämen würde; wenn sie die schamlose officiöse Ge=
wohnheit, ein Viertel bis ein Drittel der Mitglieder des deutschen
Reichs als Reichsfeinde zu bezeichnen, nachahmt, ist das der
Scharfsinn, der Muth und die Unabhängigkeit der nationalliberalen
Presse?

Wenn die Regierung einen Geist in das Strafgesetzbuch ein=
führen will, der der berüchtigtsten Gesetzgebung, die es jemals ge=
geben hat, der französischen Gesetzgebung vom September 1835,
entlehnt ist, ein Versuch, der vor kaum zwei Jahren einen solchen
Sturm von Hohn und Unwillen hervorrief, daß selbst die abge=
härtesten Minister und Büreaukraten vor ihm erzitterten und sich
über Hals und Kopf beeilten, ihre Nichtautorschaft an den be=
treffenden ungeheuerlichen Paragraphen zu betheuern, und die „un=
abhängige" Presse nicht anderes zu thun weiß, als ihre Hoffnung
auf den Bundesrath zu setzen und ihre Leser von Tag zu Tage
mit Vermuthungen und Gegenvermuthungen darüber zu unter=
halten, was der betreffende Ausschuß oder das Plenum des Bundes=
raths darüber beschlossen habe — gleich als ob es einen Reichstag
gar nicht gäbe — die officiösen Auslassungen sorgfältig zu regi=
strieren und mit zitternder Hand und stockender Stimme die Chancen
der Vermeidung eines Conflikts abzuwägen, anstatt das kurze Wort
„Vor die Füße werfen" auf jeder Seite vom Tage der ersten
Nachricht bis zum Tage der Verwerfung hinauszurufen — ist das
etwa Scharfsinn, Muth und wirkliche Unabhängigkeit?

Wenn, nachdem der Reichstag die einfach frivol=reactionairen
Paragraphen kurzer Hand beseitigt, die andern aber auf Vermeh=
rung der öffentlichen Sicherheit und sonstige sachliche Zwecke ge=
richteten theils angenommen, theils an die Commission verwiesen
hat, und die officiöse Presse mit der Verlogenheit, die ihr allein
eigen ist, nun die Sache so darstellt, als ob auch die letzteren
Paragraphen verworfen wären, als ob der Reichstag mit der

öffentlichen Sicherheit und Ordnung spiele und die „Berufung an
das Volk" in Anknüpfung an die im Reichstage seitens des
Reichskanzlers geäußerten Hoffnungen in Aussicht stellt; wenn dann
die „unabhängige" Presse mit gewohntem Bedienteneifer diese Auslassungen abdruckt, ohne die Gelegenheit wahrzunehmen, einmal
die ganze officiöse Verlogenheit systematisch aufzudecken, bis ins
Einzelne nachzuweisen, so an den Pranger zu stellen, daß die officiöse Presse trotz aller Schamlosigkeit peinlich davon berührt würde,
und den liberalen Standpunkt grundsätzlich zu wahren, wenn sie auf
das Vollständigste darauf verzichtet, ein sichtbares Zeichen dafür
zu fordern, daß die schmähliche Niederlage des ungeheuerlichen Ver-
suchs in den regierenden Kreisen Eindruck gemacht hat, und daß
man sich dort bemüht, den klaffenden Spalt zwischen Regierung
und Volksvertretung in einer der wichtigsten grundsätzlichen Fragen
zum mindesten zu übertünchen, wenn sie die Zweckmäßigkeit des
Rücktrittes des einen oder andern Ministers, der eine einstimmig
abgelehnte Vorlage von der Bedeutung der in Rede stehenden ge-
billigt und leidenschaftlich vertreten hat, auch nicht mit einem Worte
erwähnt, wenn sie auf die Herausforderung des Reichskanzlers, daß
er diese Vorlage von Jahr zu Jahr wieder einbringen wolle, auch
nicht Ein Wort der Erwiderung findet — ist das Scharfsinn,
Muth oder Unabhängigkeit?

Wenn, nachdem der Reichstag die einfach frivol = reactionairen
Paragraphen kurzer Hand beseitigt hat, die nationalliberale „unabhängige" Presse ein lautes Triumphgeschrei ausstößt, nicht darüber, daß der Reichstag das Recht des Landes gewahrt und einen
schweren Angriff auf den liberalen Geist abgewehrt hat, sondern
darüber, daß kein Conflict mit der Regierung entstanden ist, gleich-
sam, als wäre die Regierung sittlich berechtigt, sofort einen Conflict zu erheben, wo ihr der Reichstag einmal nicht gleich zu Willen
ist, und als wäre der Conflict ein größeres Uebel gewesen, denn die
Annahme dieser Paragraphen; wenn sie ein Triumphgeschrei darüber ausstößt, daß ein Minister einmal ein vereinzeltes correktes
Wort über das Verhältniß zwischen Volksvertretung und Regierung
ausgesprochen hat; wenn sie keinen Akt davon nimmt, daß eben

2*

dieſes Miniſters Stellung unmittelbar darauf eine Zeit lang that=
ſächlich ſtark erſchüttert war, oder wenn ſie ſolche Erſchütterung den
Anſtrengungen der Börſe zuſchreibt, die unter ihm nicht genug ver=
dient zu haben glaube (unter welchem — nicht d u r ch welchen —
Finanzminiſter hat denn die Börſe mehr verdient, als unter dem jetzi=
gen!); wenn ſie den Glauben heuchelt, daß die bald darauf folgenden
gehäſſigen und maßloſen Angriffe eines anerkannt officiöſen Blattes
gegen dieſen Miniſter ein Privatvergnügen des betreffenden Re=
dacteurs ſeien; wenn ſie ferner den Glauben heuchelt, daß zwi=
ſchen dem Reichskanzleramte und der bisherigen officiöſen Preſſe
keine Verbindungen mehr beſtünden, ohne ſich über die Frage,
wozu denn der Reptilienfonds verwendet würde, ſich den Kopf
zu zerbrechen — iſt d a s Scharfſinn, Muth oder Unabhän=
gigkeit?

Wenn der Reichskanzler niemals das leiſeſte Hehl daraus
macht, daß er ein unverſöhnlicher Gegner der eigentlichen und tief=
liegenden liberalen Forderungen iſt und ſich höchſtens zu „Compro=
miſſen" über ſolche Punkte herbeizulaſſen geneigt zeigt, die allen=
falls auch der aufgeklärte Despotismus würde haben bewilligen
können, wenn er einige darüber hinausgehende geringfügige „Zuge=
ſtändniſſe" womöglich noch als ſeitens der Regierung gebrachte
Opfer bezeichnet und ſie hinterher als Erſchwerungen der Regierung
denunciert, wenn er es im Herrenhauſe vom Regierungstiſche aus
in feierlichſter Weiſe ausſpricht, daß er ſich auf die Zeit freue, wo
er mit einer conſervativen Mehrheit wieder würde zu regieren haben,
wenn die officiöſe Preſſe als Erwiderung auf die Selbſtüberwindung,
mit der die liberale Partei die Provinzialordnung annahm, die
brutale Hoffnung in die Welt hineinſchreit, daß bei den nächſten
Wahlen die liberale Mehrheit von einer conſervativen werde weg=
gefegt werden, wenn unter ſehr auffallenden und niemals zur
Genüge aufgeklärten Umſtänden eine große Anzahl vom Reichs=
kanzler gänzlich abhängiger Perſonen für einen ultraconſervativen
Candidaten gegen einen nationalliberalen ſtimmen und eine Zei=
tung, die darauf zuerſt aufmerkſam machte, von dem Staats=
anzeiger, — nicht etwa von der Provinzialcorreſpondenz oder

der Norddeutschen Allgemeinen Zeitung — mit den plumpsten Schmähungen überschüttet wird — und wenn dann die „unabhängige Presse" diese Thatsachen entweder gänzlich ignoriert und Angesichts derselben von einem „Keil" spricht, den „dunkle Mächte" zwischen den Reichskanzler und die nationalliberale Partei treiben wollten; oder wenn sie sich jedenfalls dadurch in ihrer selbstlosen Hingabe an den Reichskanzler nicht beirren läßt und fortfährt, ihn als den einzigen Hort und Retter der liberalen Sache zu preisen und als den unfehlbaren Staatsmann nicht nur in der äußeren Politik (trotz der Februarnote an Belgien, des Kriegsgetümmels gegen Frankreich, des ruhig eingesteckten Machtwortes des russischen Kaisers und des Schmerlingsartikels der Provinzialcorrespondenz), sondern auch in der innern, obwol ein jeder Mitarbeiter in der „unabhängigen" Presse es weiß, daß, wenn die Verfassung und Gesetzgebung des deutschen Reichs dem Kanzler allein anvertraut gewesen wäre, ein Zustand entstanden wäre, auf den die gebildete und vielleicht auch die ungebildete Welt mit Fingern gewiesen hätte, und obwol es einem solchen Unfehlbaren schlecht anstehen würde, sich von „dunklen Mächten" leiten zu lassen; wenn die „unabhängige" Presse trotz alledem es in jeder Zeile stillschweigend, aber oft genug ausdrücklich ausspricht, daß sie lieber nicht nur eine Bestimmung, wie den in dem Gesetzbuche keines europäischen Volkes sich befindenden Arnimparagraphen, ohne welchen überdies auch die Mark Brandenburg, das Kurfürstenthum Brandenburg, das Königreich Preußen und das neue deutsche Reich zusammen etwa 700 Jahre lang ausgekommen sind, sondern geradezu eine jede Aenderung der Gesetzgebung befürworten wolle, als dem Rücktritte des Kanzlers ins Gesicht sehen — ist das Scharfsinn, Muth oder Unabhängigkeit?

Wenn der Kanzler im Privatgespräch oder in öffentlichen Reden sich dahin äußert, daß eine wahrhaft reformierende Steuergesetzgebung selbstverständlicher Weise nicht nur im Auflegen neuer Steuern, sondern in gleichzeitiger Aufhebung oder Verminderung anderer bestehen müsse, daß eine Verschärfung der Strafgesetze zum Schutze der Beamten als nothwendiges Gegenstück auch die schärfere

Sicherung des Publicums gegen Amtsmißbrauch der Beamten erfor=
dere, daß er Reichsministerien wünsche, wenn ihm nur die Stellung
des englischen Premiers denselben gegenüber angewiesen werde, daß
die Presse gut thäte, sich mehr um innere, als um auswärtige Politik
und um lächerlichen Conjekturalklatsch zu bekümmern, wenn er aber
gleichzeitig Gesetzesvorschläge einbringt, welche einfach eine Steuer=
vermehrung enthalten, wenn er unter Androhung einer Kanzlerkrisis
den vermehrten Schutz der Executivbeamten fordert, ohne daß in
der Vorlage entfernt von einem besseren Schutze des Publicums
die Rede ist, wenn er jeden Antrag auf Einführung von Reichs=
ministerien schroff bekämpft, ohne auch nur ein Wort darüber zu
verlieren, welches denselben gegenüber seine Stellung sein würde,
wenn er fortwährend sein Bestreben darauf richtet, eine freie Be=
sprechung der innern Angelegenheiten durch die Gesetzgebung mög=
lichst unmöglich zu machen und die bestehende Gesetzgebung, soviel
an ihm liegt, nach Kräften in dieser Richtung ausbeutet, und wenn
dann die „unabhängige" Presse seine Aeußerungen verbreitet und
als staatsmännisch preist, ohne den Gegensatz derselben zur Wirk=
lichkeit zu beleuchten, ja ohne in den meisten Fällen desselben auch
nur andeutungsweise zu gedenken, wenn sie sich noch gar so an=
stellt, als glaube sie, daß eine weniger empfindliche Praxis der
Behörde der Presse gegenüber, die eine wirksame Besprechung her=
vorgetretener Uebelstände ermöglichen würde, auf Anregung durch
den Reichskanzler eintreten könnte, — ist das Scharfsinn, Muth
oder Unabhängigkeit?

Wenn der Reichskanzler Scenen im Reichstage aufführt, wie
die im Juni 1873, wo er, der weiter im Reichstage kein Recht
hat, als mit seinen Meinungen „gehört zu werden", sich eine ta=
delnde Kritik der Form der Aeußerungen von Reichstagsmitgliedern
herausnahm, wo er es sich „verbat", daß im Reichstage die Rechte
des Volkes betont würden, wo er, die Theorie von dem Gegensatz
zwischen Volk und Regierung, der durch „Compromisse" ausge=
glichen werden soll, plötzlich und für einen Augenblick verlassend,
die Regierung für die gleichberechtigte Vertreterin der Rechte des
Volkes erklärte, oder wie die im Dezember 1874, wo er der De=

hatte über den Majunke'schen Haftfall ruhig und ohne ein Wort
zu sagen, zuhörte und nach gefaßtem Beschlusse plötzlich erklärte,
aus der Rücknahme des Beschlusses eine Cabinetsfrage zu machen
und den Reichstag, der ihn für die Leitung der Geschäfte nicht
entbehren zu können glaubte, so zu einem Schritte zwang, den
keine Versammlung ohne Schädigung ihres Ansehens vornehmen
kann, und die „unabhängige" Presse schweigt dazu oder ermahnt
gar wol noch den Reichstag, solche Scenen zu vermeiden; wenn
der Kanzler fortwährend über die Schwierigkeit seiner Stellung
und seinen Mangel an Einfluß klagt, obwol kein leitender Minister
eines andern Landes so fortwährend mit der Drohung seines Rück=
tritts bei der Hand ist und damit gehört wird, obwol kein anderer
leitender Minister sich so auf die Gelegenheitsgesetzgebung verlegt,
obwol kein anderer leitender Minister wegen jeder Beleidigung, die
in irgend einem Winkelblättchen zu lesen ist oder die ein armseliger
Ackerknecht im trunkenen und halb unzurechnungsfähigen Zustande
ausspricht, Polizei und Staatsanwaltschaft und Gericht in allen
Instanzen in Bewegung setzt, und die „unabhängige" national=
liberale Presse, weit enfernt, wie es ihre Pflicht wäre, diese Er=
scheinung zu erörtern und ihren innersten Quellen nachzuspüren, zu
alledem nur einzig und allein das stumme Nicken der Pagode
im Narciß hat — ist das Scharfsinn Muth oder Unabhän=
gigkeit?

Wenn die „unabhängige" nationalliberale Presse nicht nur
auf die Vertheidigung des wahren verfassungsmäßigen und par=
lamentarischen Geistes verzichtet, sondern jede einzelne Aenderung
der Gesetzgebung, mag sie sie selber früher noch so sehr als un=
erläßlich bezeichnet haben, mit der größten Ergebung als bis auf
unbestimmte Zeit zurückgestellt betrachtet und behandelt, sobald sie
die Ueberzeugung erlangt hat, daß der Reichskanzler ihr entschie=
dener Gegner ist, wenn sie über die Behandlung politischer Ge=
fangener kein Wort mehr verliert; wenn sie die Einsetzung von
Reichsministerien schon längst nicht mehr fordert, wenn sie über
die Weigerung der Regierung, genaue Erklärungen über den Baar=
bestand der Reichsfinanzen zu geben, hartnäckig schweigt; wenn

sie sich längst gewöhnt hat, den Reptilienfonds und seine verant=
wortungslose Verwaltung als ein Wahrzeichen des deutschen Reichs
zu betrachten; wenn Fälle, wie auf anonyme Denunciation hin,
Untersuchungen eingeleitet werden, ihr ganz jenseits ihres Gebietes
zu liegen scheinen; wenn sie von einer grundsätzlichen Beleuchtung
einer Finanzpolitik, welche neue Steuern fordert, ohne daß, wie
sich nachträglich herausstellt, dieselbe zur Herstellung des Gleich=
gewichts im Staats = oder Reichshaushalte irgend wie erforderlich
waren, völlig Abstand nimmt; wenn sie den gegen die Regierung
gefaßten Beschluß der Reichsjustizcommission, die Preßvergehen
den Geschworenen zu überweisen, einfach registriert, ohne mit aller
Macht oder ohne überhaupt für denselben einzutreten; wenn die
Rolle, die die Hannover=Altenbeker Aktien im Reichsinvaliden=
und in den Provinzialfonds spielen, für sie gar nicht zu existieren
scheint; wenn sie sich wo möglich noch gegen diejenigen wendet,
die ihrer Ansicht treu geblieben sind; wenn sie es vollkommen
vergessen zu haben scheint, daß es die Pflicht und die Aufgabe
der Presse ist, sich nicht durch Widerstand abschrecken zu lassen,
sondern um so lauter, um so hartnäckiger, um so eindringlicher zu
fordern, je stärker der Widerstand ist; wenn ihr jede Erinnerung
davon abhanden gekommen zu sein scheint, daß auf diesem Wege
und gegenüber den schwierigsten Verhältnissen die glänzendsten
und rühmlichsten Siege der öffentlichen Meinung erfochten worden
sind; wenn sie sich auf den Standpunkt stellt, nur noch solche Dinge
zu fordern, von denen sie weiß, daß sie die Regierung freiwillig,
wenn auch nach einigem Sträuben, gewährt, jeden anderen Kampf
aber, der ein wirklicher Kampf ist, als unzeitgemäß und unpraktisch
ablehnt, — ist das Scharfsinn, Muth oder Unabhängigkeit?

Wenn die „unabhängige" nationalliberale Presse nicht nur
selbst in jedem Augenblick bereit ist, sich vor dem Reichskanzler,
mit oder ohne Grund und Zweck, bis in den tiefsten Staub zu
demüthigen, sondern es auch für selbstverständlich zu halten scheint,
daß ihr die ganze freisinnige Partei, die Todten wie die Lebendigen,
zu diesem Behufe zur Verfügung stehen; wenn ein großes national=
liberales Blatt am Grabe des Freiherrn von Vincke, eines der edelsten

Mitglieder, einer der glänzendsten Sterne, die die liberalen Parteien jemals besessen haben, sich nicht schämte, zu versichern, daß es bereits zur Zeit des vereinigten Landtags den jetzigen Reichskanzler als den bedeutenderen Staatsmann und Redner erkannt habe; wenn dasselbe Blatt dem langjährigen, fleckenlosen und hochbegabten Führer seiner eigenen Partei, der eine parlamentarische Geschichte hinter sich hat, wie wenige Parteiführer in irgend einem Parlamente, weil es zu wissen glaubt oder weiß, daß der Reichskanzler ihm persönlich abhold ist oder abhold geworden ist, den Gedanken nahe legt, unter dem Vorwande der Reconvalescenz von der parlamentarischen Bühne abzutreten, — ist das der Scharfsinn, der Muth und die Unab= hängigkeit, mit denen die nationalliberale Presse in den Kampf um die höchsten politischen Ziele einzutreten Willens und im Stande ist?

Die „unabhängige" nationalliberale Presse ist nicht die Presse der nationalliberalen Partei, sie ist überhaupt nicht die Presse einer Partei, sie ist weder conservativ noch liberal, weder gemäßigt noch radical; sie ist einfach die Presse der Regierung, insonderheit des Reichskanzlers. Radical auf vielen Punkten des socialen Gebietes und wo es ihr sonst erlaubt ist, fügt sie sich ohne weiteres der Auf= rechterhaltung oder Wiedereinführung der Maschinerie des reactio= nairen Polizeistaates, wo ihr Percy befiehlt. Ihre beiden einzigen durchschlagenden Charakterzüge sind die Charakterlosigkeit und die persönliche willen= und überzeugungslose Hingabe an den Reichs= kanzler. Wo die letztere mit ihren Forderungen an sie herantritt, kennt sie keine Rücksicht mehr auf persönlichen, wie auf parteilichen, weder auf litterarischen noch auf politischen guten Geschmack. Bis auf die unbedeutendsten Kleinigkeiten, bis in die entlegensten Spalten hinein ist sie täglich und stündlich bereit, das sacrificio auszu= dehnen. Die abgeschmacktesten und sinnlosesten, dabei uraltesten Anekdoten werden, mit dem Namen Bismarck verbrämt, dem Leser bis auf die Hefe vorgetragen. Eine Soiree beim Reichskanzler ist für die „unabhängige" Presse ein politisches Ereigniß ersten Ranges. Es gibt eine große Zeitung, die außer den telegraphischen Nachrichten über derartige historische Momente regelmäßig noch zwei bis drei Correspondenzen und einen Redactionsartikel bringt. Ein auf einer solchen Soiree flüchtig hingeworfenes Wort des Reichs= kanzlers einem nationalliberalen Abgeordneten gegenüber ist für die nationalliberale Presse ein mehr als genügender Beweis, daß alle Gerüchte von einer feindlichen Stellung des Kanzlers zur national= liberalen Partei, mögen sie durch noch so viele, so gewichtige, so schlußfähige Thatsachen unterstützt sein, eitel Dunst sind. Zwischen= fälle von solcher Geringfügigkeit, daß sie anständigerweise kaum die mündliche Wiedergabe vertragen, werden mit der ernsthaftesten Miene ausführlich berichtet. „Es hat dem Reichskanzler zum größten Ver= gnügen gereicht, daß die anwesenden Juristen darüber verschiedener Ansicht waren, welche Paragraphen des Strafgesetzbuchs auf den Amerikaner Thomas anwendbar gewesen sein würden." So schreiben die Charaktere unter den deutschen Journalisten, und nicht etwa unter den vermischten Nachrichten. Selbst daß der Reichskanzler seine Geringschätzung über diese Art, Journalistik zu treiben, aus= spricht, macht die Charaktere nicht irre. Die Charaktere fühlen sich geehrt, vom Reichskanzler mit irgend einem Gefühl bedacht zu werden, zur Noth auch mit dem der Verachtung.

In ihrer ganzen trübseligen Glorie aber zeigte sich die national= liberale Presse während des Processes Arnim. Der Umstand, daß der Proceß wie ein persönlicher Zweikampf zwischen dem Kanzler und dem Botschafter aussah, reichte für sie hin, Grundsätze, die bisher im öffentlichen Leben noch jeder Partei für heilig gegolten hatten, ohne Weiteres über den Haufen zu werfen. Noch während schwebender Voruntersuchung verfolgte die nationalliberale „unab= hängige" Presse Arm in Arm mit der erklärten officiösen den ein= gekerkerten Mann mit böswilligen Insinuationen, mit Verleum= dungen aus seinem früheren Leben, mit äußerster Schwarzmalung der ihm zur Last gelegten Handlungen, mit Vorwegnahme eines verurtheilenden und strengen Spruchs. Als der Spruch des Ge= richts erster Instanz nicht so ausfiel, wie die „unabhängige" Presse denselben wünschte, tadelte — ein bisher unerhörtes Vorgehen — ein großes „unabhängiges" Blatt denselben in einem besonderen Artikel von seiner juristischen Seite. Noch vor kaum wenigen

Wochen schrieb dasselbe Blatt ganz munter einen langen Leitartikel
zu Gunsten des Arnimparagraphen, als eine unumgängliche und
selbstverständliche Forderung eines civilisirten Staates und der libe=
ralen Partei; beklagte wiederum, daß Graf Arnim so glimpflich
weggekommen, anstatt wegen Hochverraths bestraft zu werden, be=
schuldigte den Grafen, sich „eines Attentats auf den ganzen Geist
der parlamentarischen Verfassung (sic!) schuldig gemacht und eine
Art Hochverraths=Versuch an der politischen Freiheit (sic!) seines
Vaterlandes begangen zu haben", und plaidirte zum Schluß dafür,
solche Fälle der Zuständigkeit des „Kreisrichters" zu entziehen und
sie dem Staatsgerichtshofe zu überweisen. Bisher hatte man frei=
lich geglaubt, daß die Unzuständigkeit des Kreisrichters in politischen
Processen ein Lieblingsthema der äußersten reactionairen Partei
und die Aufhebung des Staatsgerichtshofs als eines Ausnahms=
gerichts eine ständige Forderung der liberalen sei. Es ist in
diesen letzten Fällen lediglich ein Akt des Wohlwollens, wenn man
annimmt, daß der Thäter nur Werkzeug und nicht geistiger Urheber
war. Denn es ist zwar nicht vom Gesichtspunkte der Charakter=
stärke, aber doch von dem der allgemeinen Moral aus, immer
noch besser, sich derartige Dinge vorsagen zu lassen und sie nach=
zusprechen, als sie im eigenen Gehirn zu erdenken.

Das unwürdige Verhalten beinahe der gesammten national=
liberalen Presse findet seine Erklärung zum ersten Theile in den
persönlichen Verhältnissen des deutschen Journalistenstandes. Der
deutsche Journalistenstand birgt zunächst in seinem Schooße eine
Fülle dunkler Gestalten, denen von vornherein jeder, aber auch
thatsächlich jeder Grad von Takt=, Geschmack=, Urtheils= und
Charakterlosigkeit zuzutrauen ist. Dies ist eine jener Thatsachen,
die nur behauptet, nicht bewiesen zu werden brauchen. Wo diese
Elemente mit den officiösen Quellen in Berührung kommen,
sinken sie — gleichgültig für welche politische Richtung sie zu=
fällig früher geschrieben haben — sofort auf das geistige und
sittliche Niveau der allergemeinsten Reptilien hinab, oder vielmehr
sie entpuppen sich als das, was sie von jeher waren und was
bisher nur durch die Gunst der Umstände verschleiert war. Aber

auch der beſſere und im gewöhnlichen bürgerlichen Sinne reſpectable
Theil des deutſchen Journaliſtenſtandes erfüllt noch keineswegs
alle die Forderungen, die an jemand gemacht werden müſſen, dem
eine hohe politiſche Aufgabe obliegt. Troß aller in dieſer Hinſicht
in der leßten Zeit gemachten Fortſchritte nimmt auch der beſſere
Theil des deutſchen Journaliſtenſtandes in politiſcher wie in ge=
ſellſchaftlicher Beziehung noch nicht eine völlig ebenbürtige Stellung
ein. Sein Verkehr mit der wirklichen Geſellſchaft und mit den
maßgebenden politiſchen Kreiſen iſt — wovon verſchiedene Ver=
hältniſſe der Grund ſind — ſpärlich und bewegt ſich nicht auf
vollkommen gleichem Fuße. Es kommt dazu, daß die meiſten
deutſchen Zeitungsunternehmungen entweder pecuniär nicht in der
Lage ſind, ſich von der Tagesmeinung in der verwegenſten Be=
deutung des Worts frei zu machen und ſich mit einigen Opfern
in der Gegenwart eine große Zukunft zu ſichern, oder daß ſie,
wenn ſie es ſind, ſich noch nicht an den Gedanken gewöhnt haben,
es zu thun. Aus dieſen und andern Gründen, welche einzeln auf=
zuzählen und näher zu erörtern theils überflüſſig iſt, theils ohne
zwingende Noth gehäſſig ſein würde, iſt es der Fall, daß es dem
deutſchen Journaliſtenſtande in bedenklichem Maße an dem höheren
Gentlemanthum mangelt — an dem höheren Gentlemanthum,
welches nur wenigen Menſchen ſchon in der Wiege mitgegeben iſt,
von der Mehrzahl derjenigen, die überhaupt in ſeinen Beſiß ge=
langen, aber nur dadurch erworben wird, daß ſie ſeit möglichſt
früher Zeit gewöhnt ſind, ſich allen ihren Umgebungen, mit denen
ſie in Berührung kommen, als ebenbürtig zu betrachten; welches
nicht von jedem, auch nicht von jedem bürgerlich reſpectablen
Menſchen verlangt werden kann, deſſen Mangel aber in einem
Manne, der ſich mit politiſchen Dingen zu beſchäftigen hat, eine
peinliche Lücke bildet; deſſen Summe darin beſteht, einer noch ſo
gewaltigen Autorität gegenüber Maß in der Hingebung an die
Perſon halten zu können und einer Perſon gegenüber nicht zu
jedem Opfer der Sache, der Ueberzeugung, der Logik und des
guten Geſchmacks bereit zu ſein. Dieſe Verhältniſſe des deutſchen
Journaliſtenſtandes haben es ihm unmöglich gemacht, eine Auf=

gabe von der Art zu lösen, wie sie der nationalliberalen Presse seit dem Inslebentreten der nationalliberalen Partei obliegt. Die Aufgabe der nationalliberalen Presse war, einmal die Regierung mit aller Kraft zu unterstützen, wo es sich um die Sicherung des deutsch=nationalen Gedankens und die Vertheidigung des Begriffs des modernen weltlichen Staates gegen Angriffe von außen oder innen handelte; zweitens den streng verfassungsmäßigen Zustand, und zwar nicht bloß im Großen und Ganzen, sondern bis in die kleinsten, persönlichen wie sachlichen, Einzelheiten hinein eifersüchtig zu wahren und eifrig zu erstreben und ebenso alle die großen Staats = und Rechtsgrundsätze, die das Eigenthum der freisinnigen Parteien sind, und denen allein sie es verdankt, daß sie aus kleinen Anfängen unter ungünstigen Verhältnissen das geworden ist, was sie ist; drittens unerschütterlich und unbestechlich darauf zu be= stehen, daß der Kampf für den deutsch=nationalen Gedanken und den modernen weltlichen Staat gleichbedeutend ist mit dem Kampfe für die freisinnige Entwicklung des Verfassungs= und Rechtsstaates, daß es ein Unsinn und eine Lüge ist, zu sagen, daß zuerst die Einheit erworben werden müsse und dann die Freiheit; daß viel= mehr eine Regierung, die ihre Zuflucht ja mehr und mehr zu den Polizeimaßregeln des absoluten Beamtenstaats nimmt, in dem= selben Grade unfähig wird, die deutsche Einheit zu verwirklichen und den modernen Staat gegen mittelalterliche Angriffe zu ver= theidigen; viertens von vornherein der Regierung, falls sie diese Wahrheiten nicht begriffe, ihre Unterstützung zu kündigen, darauf zu vertrauen, daß das deutsche Volk auch aus eigener Kraft den Weg, der zur Einheit führt und zugleich zur Freiheit, finden werde, und mit ihrer ganzen Kraft dem Volke bei dieser Aufgabe zur Seite zu stehen. — Es ist anders gekommen. Die national= liberale Presse, deren Charakterstärke wohl ausreichte, mannhaft gegen die Regierung aufzutreten, so lange es noch keine Brücke über die Kluft hinüber gab, hat sich, als eine Brücke geschlagen war, der Versuchung, um jeden Preis hinüber zu eilen, nicht ge= wachsen gezeigt. Jene echte und wahre Charakterstärke, die den Menschen nicht unbeweglich an einen Punkte fesselt, ihn aber befähigt, genau an dem richtigen Punkte Halt zu machen, oder umzukehren, besitzt die nationalliberale Presse, wie nun durch eine lange Reihe trauriger Erfahrungen feststeht, nicht. Ihre Widerstandsfähigkeit, gegenüber einigen gelegentlichen Ausbrüchen von Vertraulichkeit, Herablassung, Schmeichelei Höhergestellter, selbst wenn dieselben gegen die Fälle einer weniger erfreulichen Behandlung sehr in der Minderzahl bleiben, ist dahin geschmolzen, wie der Schnee vor der Sonne im Lenze. Die untergeordnete Stellung, die der deutsche Journalistenstand bis vor Kurzem eingenommen hat, und als solcher, im Grunde immer noch einnimmt, läßt ihn seine jetzige Stellung gegenüber der Regierung und den maßgebenden Kreisen, armselig wie sie ist, doch immer noch so glänzend und die einzelnen Gegenleistungen der Regierung, von mehr als zweifelhaftem Werthe wie sie sind, doch immer noch so kostbar erscheinen, daß er über den Preis, den sie gekostet, nicht weiter nachdenkt. Denn eine andere Wirkung der dem betreffenden Theile des deutschen Journalismus mangelnden Fähigkeit, seine Aufgabe von einem höheren sittlichen Standpunkte zu erfassen, zeigt sich in seinem Hange zur Sensation und in dem Spielraum, welcher der Persönlichkeit einzelner an der Presse betheiligter, meist ganz untergeordneter Individuen eingeräumt wird. Das an sich ja selbstverständliche Streben nach guter Information, welches für eine anständige politische Presse ein wirksames Mittel ist, sich einen guten Ruf und einen großen Leserkreis zu verschaffen und auf diese Art seine politischen Ansichten um so weiter und wirksamer zu verbreiten, wurde unter diesen Umständen aus dem Mittel zum Selbstzweck, welcher Opfer forderte, zu einem Haschen nach Klatsch, zum Aufschnappen einiger Vorzimmerworte, die wahrscheinlich sehr oft in der Absicht gesprochen waren, gehört und zur Irreleitung der öffentlichen Meinung verarbeitet zu werden, zu einem Anbieten zur Zwischenträgerei — und dann wurde in der haarspaltendsten und haarsträubendsten Weise über die kleinlichsten Dinge traktiert, commentiert, polemisiert, dementiert — in einer Weise, die dem weitern Publicum ganz unverständlich blieb und den politisch Denkfähigen nur in tiefster Seele anwidern konnte. Oft machte die ganze Presse den Eindruck,

als ob sie einzig und allein dazu da sei, den Klopffechtereien und
Spitzfindigkeiten des großen Journalistentrosses von der ersten bis
zur fünfundzwanzigsten, oder Gott weiß der wievielten Rangstufe
hinab zum Tummelplatze zu dienen. Die großen Zwecke und Auf=
gaben der Presse, der nie ruhende Kampf für die Erreichung des
gesteckten politischen Zieles spielten dem Haschen nach Klatsch gegen=
über nur die zweite Rolle. Selbst große und bedeutende Blätter,
Blätter, die es gerne hören, wenn man sie Weltblätter nennt, er=
achteten es für ihr höchstes Glück, rechneten es sich zur größten
Ehre an und waren wie toll vor Freude, wenn sie einmal ge=
würdigt wurden, als Mundstück der übeln Laune eines Ministers
gegen einen andern oder sonst einem persönlichen Zwecke desselben
zu dienen. Es war ein Zeichen, daß man „Verbindungen" und
„Informationen" hatte; ob irgend eine praktische Folge damit ver=
bunden war, ob diese Folge für Land und Partei gut war, ob
die Sache an sich, allgemein oder politisch, anständig war, kam
nicht in Betracht. Und nun gar in der auswärtigen Politik! Die
auswärtige Politik ist ein Gebiet, das die Presse nur mit großer
Vorsicht und nur in ganz bestimmten Grenzen und unter be=
stimmten Voraussetzungen betreten sollte, aus dem einfachen und
guten Grunde, weil sie trotz aller „Information" weder von dem
Detail der laufenden Verhandlungen etwas weiß, noch auf das=
selbe auch nur den leisesten Einfluß üben kann. Aus all dem
Wust und Contrewust, der die Presse über auswärtige Politik zu
fällen pflegt, lernt das Publicum im günstigsten Falle nichts; für
die Diplomatie ist er überhaupt so gut wie nicht geschrieben. Was
die Presse in der auswärtigen Politik zu thun hat, beschränkt sich
auf einige wenige Punkte. Sie muß die Leser in Bezug auf die
Thatsachen auf dem Laufenden erhalten und ihr Urtheil darüber
abgeben; sie kann von besonders berufener Hand diplomatisch=ge=
schichtliche Beiträge bringen; sie soll, wo sich die Gelegenheit bietet,
den heimischen Zuständen den Spiegel der besseren fremden vor=
halten und sie hätte unter diesem Titel z. B. das Rundschreiben
des französischen Justizministers an die Staatsanwalte mittheilen
sollen, worin er diesen empfiehlt, bei eingehenden Anträgen auf

Verfolgung wegen Beleidigungen von Beamten oder Behörden den Antragstellern anzudeuten, daß es weder der Würde der beleidigten Beamten noch der der erkennenden Gerichte entspricht, um eines jeden Quarks willen den richterlichen Apparat in Thätigkeit zu setzen; und endlich hat sie, und das ist auf diesem Gebiete ihre edelste Aufgabe, in kritischen Augenblicken die wahre Stimme des Volks oder ihrer Partei zum Ausdruck zu bringen, sei es, um eine kriegslustige und unruhige Regierung ernst zu warnen, mit Dingen wie Krieg und Kriegsgerüchten kein frivoles, eitles Spiel zu treiben, sei es, um sie zu versichern, daß sie auf das Volk zählen kann, und einem übermüthigen Feinde zu wissen zu thun, daß ihn einmüthige und entschlossene Abwehr erwartet. Was darüber ist, das ist vom Uebel. Zwei Journalisten im geheimnißvollen Gespräch über laufende diplomatische Verhandlungen, über den einen Botschafter die Achseln zuckend, den andern einen leidlich vernünftigen Mann nennend, sich an der Unfähigkeit eines auswärtigen Ministers weidend, es beklagend, daß irgend eine fremde Regierung den eigentlichen Kernpunkt irgend einer Frage nicht erkannt habe, sind das Ideal der Lächerlichkeit, und wenn an die Stelle des mündlichen Zwiegesprächs der gedruckte Monolog tritt oder wenn sie sich über eine Frage in die Haare gerathen, wie z. B. die, ob die Pforte schon vor der Ueberreichung der Reformnote Kenntniß von deren Inhalt gehabt habe, und wenn sie Wochen lang hinterher noch die Richtigkeit ihrer bezüglichen Ansichten beweisen, so büßen sie an dieser Wirkung nicht das Geringste ein. Eine große unabhängige Presse aber, die Ausfuhrhandel mit ihren freisinnigen Grundsätzen treibt, welche sie in Bezug auf die innere Politik nicht mehr zu vertheidigen, kaum noch auszusprechen wagt; eine Presse, welche ihren ganzen liberalen Heldenmuth an einem auswärtigen Minister ausläßt, welcher, er sei so clerical und reactionair wie er will, jedenfalls für Deutschland sehr gleichgültig ist; eine Presse, welche des Hohns über die jesuitischen Bande, in denen jener Minister liegt, nicht genug aussprudeln kann, obgleich gewisse heimische Zustände, zu denen sie beharrlich schweigt, eine sehr genaue Parallele mit seinen Handlungen zulassen und obgleich jener Minister mancher heimischen

Sitte, welche vergebens einer gründlichen Geißelung harrt, nicht huldigt, z. B. augenscheinlich, wie aus den täglichen Mittheilungen über den Ton der betreffenden auswärtigen Oppositionsblätter hervorgeht, keine Formulare zur Verfolgung von „Buffetbeleidigungen" hat; eine solche Presse ist einfach jammervoll.

Bei so bewandten Verhältnissen ist es nicht mehr schwer zu erklären, wie auch derjenige Theil der nationalliberalen Presse, bei dem der Gedanke ausgeschlossen ist, daß er durch baares Geld gewonnen sein könnte, seinen Handel mit der Regierung machte. Nachdem diese Blätter in ihrem Freudentaumel über ihre Verwandlung in Regierungsblätter in ihrem sittlich-politischen Halte stark erschüttert waren, machte es ihnen keine Schwierigkeit mehr, Mittheilungen, welche sie in den Stand setzten, ihre Spalten mit solchen Ungereimtheiten, wie die Eingangs erwähnten, auszufüllen, für einen wirklichen Gegenwerth für die halbe oder ganze Aufgabe ihrer Grundsätze zu halten. Zugleich halfen ihr derartige „Informationen" über das Gefühl dunkler Scham, das sich doch hie und da noch regen mochte, hinweg, und sie hoffte, auf diesem Wege den Mangel an eingehenden Untersuchungen und Belehrungen über den wirklichen und letzten Grund aller der zahlreichen betrübenden Erscheinungen im deutschen Reiche, ihre Fahnenflucht und ihre gegenwärtige sclavische Unterwürfigkeit unter die Launen eines einzigen Mannes dem großen Publicum gegenüber verdunkeln zu können. Sie thut genau dasselbe, was oft despotische Regierungen gethan haben: durch Klatsch, Sensation und auswärtige Kannegießerei sucht sie, soviel an ihr liegt, die öffentliche Aufmerksamkeit von der Betrachtung sehr ernster Dinge im Innern abzuziehen. In der Geschichte der Dupierungen wird dieser Kauf, den die nationalliberale „unabhängige" Presse abgeschlossen hat, immer eines der denkwürdigsten, lächerlichsten und traurigsten Beispiele bilden. Das Beste, was sie hatte, das freie Schlachtfeld zum Kampfe für große und erhabene Gedanken, hat sie hingegeben und dafür hat sie eingetauscht nicht etwa eine vermehrte Gewißheit, daß ihre Stimme gehört wird oder daß ihr Einfluß auf die Regierung, zu deren Gunsten sie ihr Bestes geopfert hat, vermehrt

3

34

worden ift; fondern das Recht, Dinge fchreiben zu dürfen, deren
fie fich fchämen müßte, die fie nicht einmal fchreiben dürfte, wenn
ihr noch ein großer Preis dazu verfprochen würde und für deren
Niederfchreibung fie oft noch als Dank mit in den Kauf nehmen
muß, daß fie „täppifch" genannt wird und die Einladung, nach
gethaner Schuldigkeit zu gehen, zu hören bekommt.

Wenn der ganze Raum, den der Kriegslärm und der nach-
folgende Friedenslärm des vorigen Frühlings in zahllofen Corre-
fpondenzen aus aller Herren Länder und Redactions- und Leitar-
tikeln und die fonftigen „guten Informationen" in Befchlag genommen haben, unbedruckt geblieben wäre, wie gering würde die
Einbuße fein, welche das deutfche Volk an feiner politifchen Weis-
heit erlitten hätte! Wenn er aber zu der kurzen und bündigen
Erklärung benutzt worden wäre, daß das deutfche Volk einen Krieg
auf folche Gründe hin, wie fie damals angegeben wurden, nicht
will, und fernerhin zu eingehenden, männlichen und wirklich unabhängigen Betrachtungen darüber, was dem deutfchen Reiche im
Innern zu einem fittlichen, wirklich verfaffungsmäßigen und wahrhaft
auf das Recht gegründeten Staat noch fehlt; zu recht eingehenden
Betrachtungen über gewiffe unter den Aufpicien der Regierung
gemachte Finanzgefchäfte, über den Verbleib der fünf Milliarden,
über die letzten Gründe des ökonomifchen Jammers in Deutfchland
gegenüber den blühenden Zuftänden in Frankreich, (wofür die
„Ueberproduktion" einiger Jahre doch eine mehr als alberne Erklärung bildet); zu recht gründlichen Unterfuchungen darüber, ob der
Ankauf der Eifenbahnen durch das Reich unter den jetzigen Umständen, nicht bloß vom technifchen fondern auch vom politifchen,
verfaffungsmäßigen und liberalen Standpunkt wünfchenswerth ift,
(worüber fehr große nationalliberale „unabhängige" Blätter auch
nicht eine Zeile gebracht haben) oder ob die Befürchtung vorliegt,
daß der Hauptzweck der Maßregel ift, die Macht der Regierung
gegenüber der Volksvertretung zu erhöhen oder auch großartige
financielle Fiaskos der Regierung zu verfchleiern; zu einer ge-
bührenden Würdigung der immer mehr einreißenden minifteriellen
Gewohnheit, ganz unerhörte Grundfätze aufzuftellen und zu ver-

theidigen und nach einmüthiger oder so gut wie einmüthiger Verwerfung derselben ruhig im Amte zu bleiben, als ob gar nichts
geschehen wäre, während andrerseits wieder die Kanzlerkrisis zur
fortwährenden Schaffung einer Nothlage für den Reichstag, der
diese nun einmal gar so sehr fürchtet, verwerthet wird; wenn alles
dieses und vieles ähnliche geschehen wäre, und wenn alle die landläufigen Phrasen, die von der Regierung ausgehen und mit denen
sie das Gedeihen echter verfassungsmäßiger Anschauungen im Volke
zu hindern sucht, und die doch nur ein hohler und ungeheurer
Wortschwall sind, gründlich und systematisch als solche enthüllt
wären, — wenn mit einem Worte die nationalliberale Presse sich
ihrer Pflicht, die recht eigentlich das Wesen der Presse ausmacht,
erinnert, und die alten liberalen Forderungen mit um so größeren
Nachdruck betont hätte, je mehr dieselben auf Widerstand stießen,
anstatt gerade unwürdiger Weise das Gegentheil zu thun: was
hätte das Volk in diesen wenigen Wochen an politischer Reife
gewinnen können! Wahrhaftig! das Volk ist von der „gut in-
formirten" Presse schmählich bedient worden!

Es ist eine heilige und unabweisbare Pflicht der nationalliberalen Partei, sich gegen die Folgen zu verwahren, welche ihr
aus dem Gebahren des überwiegenden Theils der nationalliberalen
Presse unausbleiblich über kurz oder lang erwachsen müssen. Die
Haltung der nationalliberalen Presse ist geradezu eine schwere
Gefahr für die nationalliberale Partei. Ihr und ihrer sclavischen
Vergötterung des Reichskanzlers ist es zuzuschreiben, wenn die
nationalliberale Partei von der Regierung und selbst von einem
großen Theile des Volkes als einfach auf den Namen Bismarck
gewählt betrachtet, und ihr das moralische Recht, eine abweichende
Meinung zu haben, aberkannt wird — der schlimmste Ruf, in
welchem eine politische Partei stehen kann. Deßhalb ist es für
die nationalliberale Partei dringend geboten, diesem Zustande der
Dinge ein Ende zu machen. Es ist Gefahr im Verzuge. Die
nationalliberale Partei muß es entweder durchsetzen, daß die Presse,
die ihren Namen trägt, eine andere Haltung annimmt, oder sie
muß sich offen von ihr lossagen und sich eine eigene, wahrhaft

3*

nationalliberale Presse schaffen. Vor allem aber möge sie an der Haltung der jetzt sich so nennenden nationalliberalen Presse erkennen, welche Haltung sie nicht einnehmen darf. Denn es ist nicht zu verkennen, daß manches und vieles von dem, was hier von der nationalliberalen Presse gesagt ist, auch, wenn auch im gemilderten Maße, die parlamentarische Partei trifft. Sie selbst fühlt es und ihre Mitglieder bestreiten im Privatgespräch die Thatsache nicht. Aber es ist ihr noch nicht gelungen, in ihrer Gesammtheit die richtige Haltung zu gewinnen. Die Aufgabe, die Regierung auf der einen Seite kräftigst zu unterstützen, auf der andern aber auf der ununterbrochenen, wenn auch natürlich nur allmähligen verfassungsmäßigen Entwickelung der politischen Dinge zu bestehen, es nie zu vergessen, daß das eine das andere nur ergänzt, und die politische Leitung im Innern stets selbstständig in der Hand zu behalten, ist auch die Aufgabe der nationalliberalen parlamentarischen Partei, und sie ist auch für sie keine leichte. Aber deren Erfüllung wird unerbittlich von ihr verlangt, wenn sie nicht kläglich Schiffbruch leiden will; und sie kann und muß von ihr unerbittlich verlangt werden; denn von einer parlamentarischen Partei, die in der unmittelbarsten und persönlichsten Weise inmitten der politischen Angelegenheiten steht, kann und muß das höhere Gentlemanthum verlangt werden, ohne welches jene Aufgabe nicht, mit der aber sie sicher zu lösen ist. Auch die nationalliberale Partei ist, anstatt schneidig an die Aufgabe heranzutreten, auf einen ähnlichen abschüssigen Weg gerathen, wie die gleichnamige Presse. Es ist dies eine Thatsache, an der im Ganzen und Großen nichts dadurch geändert wird, daß die nationalliberale Partei den gröbsten Ausschreitungen des reactionären Polizeigeistes, wie er namentlich in der Strafgesetznovelle zu Tage getreten ist, widerstanden hat. Denn im übrigen hat sich auch die nationalliberale parlamentarische Partei mit einer halben und unzulänglichen Stellung begnügt, sie hat sich damit begnügt, daß ihre Anschauungen in volkswirthschaftlichen und socialen Angelegenheiten größtentheils zur Geltung gekommen sind, hie und da auch vereinzelt in politischen Fragen. Um diesen Preis hat sie die Arbeit an ihrer eigentlichen und glänzendsten Aufgabe, der Durchführung der echten und streng verfassungsmäßigen Regierung, eingestellt oder wenigstens auf eine unbestimmte Zeit verschoben; sie hat namentlich auch dem Reichskanzler gegenüber oft eine persönliche Haltung eingenommen, die Männern nicht geziemt, die das Volk mit der höchsten Ehre, die es im Lande gibt, umkleidet hat. Sie hat, als der norddeutsche Bund und das deutsche Reich gegründet wurden, die Zeit und die Gelegenheit unbenutzt gelassen, von der unbebauten Fläche soviel wie möglich thatsächlich Besitz zu ergreifen und dieselbe mit Einrichtungen, die ihren politischen Anschauungen entsprechen, zu besetzen, während die Regierung eine fieberhafte Thätigkeit entwickelte, um alle die bureaukratischen, absolutistischen und scheinconstitutionellen Ueberlieferungen der einzelnen Staaten, namentlich Preußens, auf den neuen staatsrechtlichen Boden zu übertragen, und das ganze Gewicht, welches sie in Preußen aus dessen geschichtlicher Entwickelung geschöpft haben ihnen auch im neuen Reiche dienstbar zu machen.

Die Partei hat sich der Auffassung, daß der Wille oder die Laune der jeweilig im Amte befindlichen Männer ein vollkommen ausreichendes moralisches Gegengewicht für den entgegengesetzten Willen des gesammten Volkes biete, anbequemt; sie hat es selbst geduldet, daß das Parlament zum Tummelplatze für die Theorien des Scheinconstitutionalismus wurde. Mit der nichtigen Redensart „erst Einheit und dann Freiheit" hat sie sich födern lassen, und nun, da unter diesem Panier gekommen ist, was unter ihm kommen mußte, da die Regierung für die Einheit nur noch soweit streitet, als dadurch die Macht der Verwaltung gesteigert wird, die Freiheit aber bald verächtlich im Winkel liegen läßt, bald ihr den offenen Krieg erklärt; da es die nationalliberale Partei schon als einen Erfolg betrachten muß, das Hereinbrechen einiger der schlimmsten Requisite des Polizeistaates vom Reiche abgewandt zu haben; da die Reichs=Regierung sich sehr bereit zeigt, die Macht einzuheimsen, welche die Erwerbung der Eisenbahnen durch das Reich nicht sowol dem Reiche, sondern ihr — der Reichsregierung — in die Hände spielen würde, aber vor der Auslegung eines Reichs=

gefeßes durch eine Bundesregierung, wie der des Civilehegeſeßes durch die mecklenburgiſche die Segel ſtreicht und für die Aenderung von Verfaſſungszuſtänden, wie die lippeſchen und mecklenburgiſchen, auch nicht den kleinen Finger rührt, weil hier für die Macht der Büreaucratie nichts zu holen iſt; nun kann ſich die nationalliberale Partei immer noch nicht entſchließen, den wahren Grund und die wahre Lage der Dinge ſich einzugeſtehen und danach zu handeln. Die nationalliberale Partei läßt es ſich gefallen, daß ihr die Ver= antwortung für die politiſchen und ſocialen Zuſtände auferlegt wird, daß ſie aber auf das ſorgfältigſte von der thatſächlichen Leitung der Angelegenheit ausgeſchloſſen wird; ſie läßt es ſich gefallen, daß ſie von den Organen der Regierung in Wort und Druck für die Erfüllung ihrer Pflicht, wenn ſie dabei das Unglück hat, der Re= gierung nicht zu Willen zu ſein, gröblich inſultiert wird; ſie läßt es ſich gefallen, daß der Reichskanzler eine anrüchige Perſönlichkeit als ſeinen Vertreter zur Verhandlung mit einer Verſammlung ſchickt, die hauptſächlich aus ihren Mitgliedern beſteht; ſie erträgt ſolche vom Reichskanzler im Reichstage verübte Scenen, wie die vom Juni 1873 und vom Dezember 1874; ſie erträgt ruhig die Zu= rückweiſung gerade der in Ausübung ihrer eigentlichen politiſchen Aufgabe gefaßten Beſchlüſſe und bleibt dabei in dem Beſtreben, ſich Regierungspartei nennen zu dürfen; ſie läßt es ſich gefallen, daß der Reichskanzler ihr von Zeit zu Zeit das Verhältniß kündigt und ihr klar zu verſtehen giebt, daß er ſie nie anders betrachtet habe, denn als eine Citrone, die man wegwirft, nachdem ſie aus= gequetſcht iſt; ſie iſt ſchon bereit, ſich darüber zu freuen, wenn derartige Andeutungen einmal eine Zeit lang nicht gefallen ſind und wenn, wie z. B. gerade jetzt, das Sonnenauge des von der altconſervativen Partei — zum wahren und dauernden Ruhme derſelben — mit einem Korbe bedachten Kanzlers milde auf ihr ruht, obgleich eine lange Erfahrung ſie doch darüber belehrt haben muß, daß ſolche Sonnenblicke nicht mehr werth ſind, als Sonnen= blicke in dem Monat, an deſſen erſtem Tage der Kanzler geboren iſt.

Das iſt nicht die Haltung von Gentlemen im höhern Sinne und ein Mitglied eines Parlaments hat die Pflicht, ein Gentle=

man im höheren Sinne zu sein, und sich vor Annahme der an=
gebotenen Ehre ernst zu prüfen, ob er dieser Ehre gewachsen ist.
Selbst wenn die nationalliberale Partei wirklich Regierungspartei
wäre, anstatt sich der Regierung gegenüber in kaum einer andern
Stellung zu befinden, als in der eines dienenden Bruders, selbst
wenn sie die Macht wirklich in den Händen hätte und nicht den
Schatten des Spiegelbildes derselben, selbst dann würde es ihr
nicht anstehen, alle die sachlichen und persönlichen Opfer zu bringen,
die der Reichskanzler in immer verstärktem Maßstabe von ihr
fordert. Es giebt nur Einen Fall, wo eine solche Haltung von der
Ehre erlaubt wäre. Wenn es sich um die Rettung und das Da=
sein selber des Vaterlandes handelte, und der einzige Mann, der
es retten könnte, machte zur Bedingung seiner Mitwirkung die
sachlichen Opfer und hätte den schlechten Geschmack, auch die per=
sönlichen Opfer zu fordern, dann wäre es Recht, sie zu bringen.
Allein der Fall liegt nicht vor. Nach dem freiwilligen oder un=
freiwilligen Rücktritte des Kanzlers wird das deutsche
Reich auch nicht um eine einzige Stufe von dem Platze
herabsteigen, den es sich durch eigene Kraft unter den
Völkern erworben hat. Die nationalliberale Presse, welche
das Gegentheil entweder offen ausspricht, oder ihre ganze Haltung
auf die Voraussetzung des Gegentheils gründet, macht sich der
Albernheit und der Beleidigung Deutschlands schuldig. Und nicht
weniger ist es eine Albernheit und eine Beleidigung des deutschen
Volks, zu glauben und ihm einreden zu wollen, daß es um des
„Culturkampfes“ willen alle die unfreisinnigen Velleitäten des
Kanzlers befriedigen müsse, daß es ohne diesen das römische Joch
nicht abschütteln und fernhalten könne und daß die Befreiung von
diesem Joche die „Belohnung“ dafür sei, daß es dem Kanzler
überall gehorsame. Der Antheil, den der Reichskanzler an der
Errichtung des deutschen Reichs gehabt hat, groß wie er ist, ist
klein im Vergleich zu all den andern Kräften, die dabei mitge=
wirkt haben, und noch kleiner im Vergleich zu denen, die die
Dauer und den Glanz des Reichs für die Zukunft verbürgen; und
wenn das deutsche Volk sich nicht aus eigener Kraft von der

römischen Herrschaft freizumachen getraut, so thut es am besten, sobald als möglich vom „Culturkampfe" abzustehen. Alle andern Gründe aber, die die nationalliberale Partei zur Entschuldigung für sich anführt, sind nichtig. Da ist zunächst die Größe des Mannes. Aber sie ist nicht von der Art, um die Partei recht= fertigen zu können. Fürst Bismarck ist ein großer Mann, aber er stellt einen etwas untergeordneten und gar sehr mit andern und entgegengesetzten Zügen vermischten Typus von Größe dar. Kein vollendet großer Mann hat eine solche Empfindlichkeit gegen Beleidigungen von der untergeordnetsten Seite her; kein vollendet großer Mann ist Anfällen von despotischer Laune gegenüber so widerstandsunfähig; kein vollendet großer Mann unterstützt so la= kaienhafte Lobhudeleien, wie die in Hesekiels „Buche vom Grafen Bismarck" enthaltenen; kein vollendet großer Mann fühlt eine solche ernsthafte Sehnsucht nach dem Glücke eines durch keine Rücksichten der Höflichkeit gebundenen russischen Grenzpolizeibeamten, daß er die Aeußerung dieser Sehnsucht nicht unterdrücken kann; kein voll= endet großer Mann läßt sich durch persönliche Gefahr so aus der Fassung bringen, zumal wenn er das großartige Beispiel „der majestätischen Bescheidenheit, mit der Kaiser Wilhelm den Königs= mörder Oskar Becker der Vergessenheit übergab", ohne an Aus= nahmemaßregeln zu denken, vor Augen hat; kein vollendet großer Mann, der eben noch dabei ist, einen bereits zu Boden liegenden politischen Gegner mit allen Waffen, die ihm Gesetze und Ver= waltungseinrichtungen seines Landes in die Hand geben, wegen pflichtwidriger Veröffentlichung von Depeschen zu verfolgen (was ein großer Mann an und für sich unter Umständen allenfalls thun könnte), läßt sich dazu fortreißen, zu Ungunsten dieses Gegners empfangene Mittheilungen öffentlich bekannt zu machen, die nur höchst vertraulicher Natur sein konnten, und deren Bekanntmachung ihm gerade von der öffentlichen Meinung desjenigen Landes, auf dessen Stimmung er seiner eigenen Angabe nach durch jene Be= kanntmachung hauptsächlich wirken wollte, nichts anderes einbringen, als einmüthigen herben Tadel seiner Indiscretion, ja theilweise sogar den in positivster Form ausgesprochenen Vorwurf, unrichtige Be=

hauptungen aufgestellt zu haben. Mit all seiner Fähigkeit und seiner geistigen Kraft fehlt dem Fürsten Bismarck jene geistige Fertigkeit und Vielseitigkeit, durch welche andere große Männer das Gleichgewicht ihres Geistes erhalten und ihr Werk hinausgeführt haben, ohne über jedes Hinderniß ein Klagegeschrei zu erheben und ohne bei jeder Gelegenheit eine Aenderung der Gesetzgebung und neue, ausnahmsweise Gewalten zu verlangen, mit deren Hülfe auch die unbedeutendsten Menschen eine Zeitlang mit größter Leichtigkeit würden regieren können. Der Kanzler hat mehr als einmal gezeigt, daß er seine Schwächen überwinden kann, wo es sein muß. Hätte die nationalliberale Partei bei aller Treue gegen ihn in sachlichen und persönlichen Dingen, wo er Unrecht hatte, festeren Widerstand geleistet: er wäre bereits weiter auf dem Wege zur vollendeten Größe. Aber so, wie er ist, ist er kein geeigneter Gegenstand für eine Hingabe von der Art, wie die nationalliberale Partei sie ihm je mehr und mehr entgegenbringt.

Als eine weitere Entschuldigung für ihre Haltung führt die nationalliberale Partei an, daß dieselbe dem Kanzler rein persönlich gelte. Aber das ist eitel Täuschung. Denn die nationalliberale Partei schwächt mit dieser Gewöhnung ihr eigenes Gefühl für ihre Würde nicht nur in sich selbst auf die Dauer, sondern setzt sich in den Augen des Volkes, das dem Verlaufe der Dinge zuschaut, herab, und verstopft somit die Quelle ihrer eigentlichen Macht. Selbst wenn sie im Stande wäre, die aufgegebene höhere gentlemanmäßige Haltung in jedem gegebenen Augenblicke wieder zu gewinnen, so würde sie doch die Eindrücke, die mittlerweile das gesammte Volk von ganz oben bis ganz unten davon empfangen hat, nicht sofort wieder verwischen können. Darin liegt eine schwere und unmittelbare Gefahr. Der Reichskanzler ist nicht in dem Maße, wie es die nationalliberale Presse täglich urtheils= und unterscheidungslos hinausschreit, der Vertreter des deutschen Einheitsgedankens oder der Vertreter des Kampfes gegen römische Geistesknechtschaft, sondern er ist es eben nur dann und nur soweit, als seine anderweitigen persönlichen politischen Neigungen zugleich dadurch befriedigt werden. Diese sind aber zum überwiegenden Theile nichts weniger

als in Uebereinstimmung mit den eigentlichen und echten Anschauungen und Grundsätzen der freisinnigen Parteien, ja sie hindern sogar die folgerichtige Durchführung des Einheitsgedankens
und den Kampf gegen Rom, denen beiden je weniger Erfolg in
Aussicht steht, je weniger sie sich auf dem reinen Boden aller-
strengster Verfassungsmäßigkeit und freisinniger Entwicklung be-
wegen; und der Kanzler verdient daher von dieser Seite her nichts
weniger als eine solche Vergötterung, wie sie mit ihm getrieben
zu werden pflegt. Untrennbar von ihm, zum Theil von ihm
geradezu ebenso stark oder noch stärker und rückhaltsloser vertreten,
wie der deutsche Einheitsgedanke und der Kampf gegen Rom sind
eine große Menge von büreaukratischen, reactionairen, absolutistischen
Velleitäten und Strömungen, und diese werden durch die Haltung
der nationalliberalen Partei so zu sagen täglich mehr in die glück-
liche Lage des Besitzers gebracht, indem sie es stillschweigend zu-
gibt, daß die entsprechenden politischen Anschauungen täglich mehr
in den Gemüthern des Volkes Platz greifen. Von der andern
Seite her wird die Gunst der Lage systematisch und mit dem
größten Eifer benutzt, um sich von der liberalen Partei solche
moralische Bollwerke gegen sich selber bauen zu lassen. Diese zu
zerstören aber wird dereinst nicht die Sache eines einzigen Tages
sein, und würde es nicht sein, selbst wenn die liberale Partei bis
dahin nicht selbst Schaden an sich gelitten hätte. Aber das wird
sie unvermeidlich und in schwerem Maße gethan haben, denn man
kann nicht für eine gewisse Zeitlang und unter gewissen Umständen
eine falsche Haltung annehmen und sie plötzlich wieder abschütteln,
wie man eine Maske von sich wirft. Es gilt jetzt schon mehr als
ein schlagendes Beispiel dafür, daß die demüthige Haltung, die die
nationalliberale Partei bloß dem Reichskanzler gegenüber annehmen
will, ihr ganzes Wesen ergriffen hat. Im Sommer vorigen Jahres
empfahl der Minister des Innern, Graf zu Eulenburg, dem Hause
der Abgeordneten die Annahme der Provinzialordnung mit den
Worten, das Haus werde einen großen politischen Fehler machen,
wenn es die Annahme verweigere. Der Gedanke lag ungemein
nahe — und ist wahrscheinlich auch vielen Mitgliedern der national-

liberalen Partei gekommen, daß der Fehler nicht allzugroß sein würde, weil im Besitze der Kreisordnung dem Lande im Falle der Ableh= nung dieser Provinzialordnung eine andere, mindestens ebenso frei= sinnige, wie eine reife Frucht in den Schooß würde fallen müssen; und daß ein wirkliches Interesse an dem sofortigen Zustandekommen des Gesetzes nur der Minister hatte, dessen Stellung nach oben im an= dern Falle sonst sehr erschüttert gewesen wäre. Graf Eulenburg wußte seine Erkenntlichkeit für das ihm — man weiß wirklich nicht recht warum — gebrachte Opfer nicht besser auszudrücken, als im Herrenhause einige reactionaire Verschlechterungen zu befürworten, und dann im Hause der Abgeordneten das verschlechterte Gesetz mit denselben Worten wie beim ersten Male und mit dem Hinzusatze zu empfehlen, er hätte nicht gerade die Provinzialordnung in der früheren Gestalt sondern überhaupt gemeint, daß auf jeden Fall eine Provinzialordnung zu Stande kommen müsse. Er hatte sich übri= gens in seinen Leuten nicht getäuscht und der größte Theil der Na= tionalliberalen stimmte auch für die zweite Auflage, ohne ein Zeichen dafür, daß er den Hohn des Ministers gefühlt hätte, an den Tag zu legen. Darauf erschien der bereits erwähnte officiöse Artikel in der Norddeutschen Allgemeinen Zeitung, welcher sagte, daß die liberale Partei, nachdem die Provinzialordnung mit ihrer Hülfe zur Befriedigung der Regierung zu Stande gebracht sei, hoffentlich möglichst vom politischen Schauplatze verschwinden würde. Es ist nicht bekannt geworden, ob die nationalliberale Presse und Partei darin etwas Unpassendes und Beleidigendes gefunden hat. Ein anderes Beispiel ist jüngeren Datums. Am 9. Februar d. J. hielt Fürst Bismarck eine Rede im Reichstage. Er sagte darin sehr viele und sehr neue Dinge. Er sagte, er hätte ein Prophet sein müssen, um zu wissen, daß der Reichstag an der Strafgesetznovelle etwas auszusetzen finden würde. Niemand antwortete, daß er dazu bloß nicht das schnurgerade Gegentheil eines Propheten hätte zu sein brauchen. Der Reichskanzler suchte noch einmal die Straf= gesetznovelle so zu erklären, als habe dieselbe nur gegen die Social= demokratie gerichtet sein sollen. Niemand antwortete, daß dieselbe in Wahrheit ein Machwerk sei, gerichtet gegen jede freie Meinungs=

äußerung, würdig des scheußlichsten Polizeistaats; niemand unter=
nahm es an der Hand der Anwendung der bestehenden Gesetz=
gebung auszumalen, wie der Zustand der Dinge in Deutschland
erst sein würde, wenn diese Vorlage zum Gesetze erhoben sein
würde. Der Kanzler stellte es gewissermaßen als die Pflicht eines
Ehrenmannes hin, wegen jeder lächerlichen Beleidigung der Hülfe
der Gerichte in Anspruch zu nehmen und nannte alle diejenigen,
die das nicht thun, „dickfellig.‟ Niemand erhob sich, um zu ent=
gegnen, daß die allgemeine Ansicht von den Pflichten eines Ehren=
mannes in diesem Punkte bisher die genau entgegengesetzte ge=
wesen ist, und daß man nicht Lust habe, alle diejenigen Ehren=
und wahrhaft großen Männer, welche es verstanden, Beleidigungen
zu verachten, mit einem Ausdrucke, wie den vom Kanzler ge=
brauchten, bezeichnen zu lassen. Der Kanzler nahm es als das
besondere Recht und Kennzeichen eines „kaiserlichen‟ Ministers in
Anspruch, Gesetze einzubringen, mit dem Bewußtsein, daß dieselben
nicht der Mehrheit des Reichstags, sondern dem ganzen Reichs=
tage verhaßt seien. Niemand aus der nationalliberalen Partei
deutete an, ob die Furcht vor der Dickfelligkeit dem Willen des
Reichstags bei solchen und andern Gelegenheiten gegenüber nicht
angebrachter wäre, als bei irgend einer Beleidigung eines ganz
untergeordneten Winkelblättchens. Der Reichskanzler versicherte,
daß im vorigen Frühjahre die Stimmung deutscherseits eminent
friedlich gewesen sei, trotz des blödsinnigen Kriegsgeschreis, das
die nationalliberale und sonstige regierungsfreundliche Presse plötz=
lich und ohne alle Spur von äußerer Veranlassung wie auf
Commando erhoben. Niemand aus der nationalliberalen Partei
fragte, warum er damals nicht Ein Wort in diesem Sinne ge=
sprochen und es der deutschen Politik erspart habe, in den Augen
Europas so dazustehen, als ob sie erst auf Gebot des russischen
Kaisers friedliebend geworden sei. Der Kanzler erklärte, es gäbe
keine Reptilien mehr. Niemand aus der nationalliberalen Partei
knüpfte daran den Antrag, die Verwaltung des Reptilienfonds
der Controle des Reichstags zu unterstellen. Als der Abgeordnete
Windthorst die drei letzten Punkte anregte, gerieth das Haus und

wahrscheinlich auch die nationalliberale Partei wiederholt in „Heiterkeit;" als aber der Kanzler in seiner Erwiderung es vollkommen unterließ, namentlich auf den ersten und dritten dieser drei Punkte einzugehen, fand dies das Haus und natürlich also vor allem die nationalliberale Partei ganz selbstverständlich und dachte nicht daran, ein weiteres Eingehen darauf zu verlangen. Das geschah am 9. Februar einem „großen" Manne gegenüber. Wenige Wochen darauf ließ sich das Haus und voran also die nationalliberale Partei von einem nicht ganz so großen Manne sagen, daß es für die Regierung keine Niederlage sei, wenn eine von ihr eingebrachte Vorlage von grundsätzlicher Bedeutung so gut wie einstimmig abgelehnt würde; es ließ sich ganz ruhig von demselben Manne auseinandersetzen, daß es in der Natur der Sache liege, daß das Urtheil gegen einen zur Strafversetzung verurtheilten Beamten um so weniger rechtzeitig vollstreckt werden könne, je gröber das Vergehen desselben und je nothwendiger also die schleunige Vollstreckung sei; es schien es für ganz passend und in der Ordnung zu halten, daß der Minister einen untergeordneten Subalternbeamten mit einem Ausdrucke belegte, den man im gewöhnlichen Leben ein Schimpfwort nennt; und es hörte zuletzt ganz geduldig eine halbe Lobrede auf denselben Beamten an, deren Gedankengang aber etwa der war, daß „Strammigkeit" und „Brauchbarkeit" im Dienst eine Entschuldigung für rechtswidriges Benehmen sei, also etwa derselbe Gedankengang, dem Herr Büffet folgte, als er zum Entsetzen der nationalliberalen Presse sich von dem schurkischen Präfekten Ducros nicht trennen wollte. Diese Erscheinungen sind nicht erfreulich, aber um so natürlicher. Es geht nicht an, die Opfer, die der Reichskanzler verlangt, und die die nationalliberale Partei zu bringen viel zu bereit ist, nur theil- und bedingungsweise zu bringen. Wer sie bringt, bringt sie ganz und immer. Mit großen Männern fängt man an, mit andern hört man auf. Die Todten, und solche, die es werden wollen, reiten schnell. — Die liberale Partei, und in ihr diejenigen, die jetzt die nationalliberale Partei bilden, hat seinerzeit ihre Aufgabe im Widerstande gegen die Regierung großartig und männlichen Sinns gelöst, und das Volk hat ihr bis zum letzten Augenblicke treu und unbeirrt von Redensarten, Ver= lockungen, Drohungen und Zwang zur Seite gestanden. Die Auf= gabe, die ihr jetzt obliegt, die Regierung in wichtigen Punkten ihrer Politik und innerhalb gewisser Voraussetzungen und Schranken kräftig und mit Eifer zu unterstützen, in vielen anderen Punkten aber auf einen der Regierung entgegengesetzten Standpunkte fest und unweigerlich zu verharren und den Zwang der Regierung nicht nur abzulehnen, sondern auch ihrerseits die Regierung kräftig zu zwingen, ist gewiß viel schwerer. Sie erfordert ein weit grö= ßeres Maaß von Wachsamkeit gegen sich selbst und scharfer Unter= scheidung, sie erfordert ein weit größeres Maaß von Charakter. In die Opposition sich verbeißen ist leicht, wo der Charakter fehlt, tritt ergänzend die Hartnäckigkeit ein. Aber auf die Scheide zwischen zwei Richtungen gestellt, Verlockungen widerstehen, für aufgebauschte, aber im Grunde ärmliche Zugeständnisse bessere Dinge nicht dahingeben, den Schein niemals für das Wesen halten, über den kleinen scheinbaren Gewinn in der Gegenwart, den Ver= lust für die Zukunft nicht vergessen, das ist der Prüfstein des wahren Charakters. Aber die liberale Partei hat in ihrem Kampfe für den freien und streng verfassungsmäßigen Rechtsstaat, wenn sie ihn ernsthaft aufnehmen will, auch viele und gute Chancen. Aus der Lage, die die Regierung zur Confliktszeit sich und dem Lande geschaffen hatte, rettete die Regierung vor ihrem verfassungs= mäßigen oder nicht verfassungsmäßigen Sturze, welcher unter an= dern Umständen der einzige Ausweg gewesen wäre, die Umwälzung von 1866 und es war zweifellos diese Umwälzung, in sicherer Aus= sicht auf welche die Regierung in jene Lage sich zu begeben ge= wagt hatte. Heutzutage aber würde ein solcher Ausweg, so weit menschliche Voraussicht reicht, nicht vorhanden sein, wenn die Re= gierung es unternehmen wollte, ernstlich gegen den Willen des Landes sich zu behaupten; auch ist das, was in Preußen unter= nommen werden konnte, im deutschen Reiche unendlich weniger möglich. Die Partei des strengen Verfassungs= und Rechtsstaates braucht sich bloß dieser ihrer Vortheile bewußt zu zeigen und den

gelegentlichen hochtönenden Redensarten der Regierung kalt ihr
Ohr zu verschließen, so wird sie sehen, daß jetzt die Dinge anders
liegen, wie damals. Und ferner muß sie sich von der unwürdigen,
namentlich durch die nationalliberale Presse gepflegten Auffassung
los machen, daß der Kampf gegen die römische Hierarchie gewisser=
maßen eine Belohnung für die „gute Haltung" der liberalen
Partei gegenüber der Regierung sei, und daß, wenn jene eine zu
große Selbstständigkeit zeige, die Regierung dann „zur Strafe"
die kirchliche und politische Reaction loslassen und die liberale
Partei mit dem Lande derselben wehrlos preisgegeben sein werde.
Wenn die liberale Partei nicht glaubt, daß sie, wenn nöthig, auch
aus eigener Kraft mit der politischen und kirchlichen Reaction
fertig werden kann, sondern dazu den Beistand des Kanzlers unter
jeden ihm gut dünkenden Bedingungen zu erkaufen unerläßlich ge=
zwungen ist, dann ist es von vornherein überflüssig, den Kampf
zu beginnen oder fortzuführen; dann ist ihr der Siegespreis auf
jeden Fall entrückt, gleichviel, wie der Kampf ausgehen wird.
Sie möge nie vergessen, daß ihre politischen Grundsätze und Ideale
es sind, und nicht Combinationen des Augenblicks, welche ihr den
ungetrübten Sieg verleihen können und sie möge vertrauen, daß,
je unentwegter sie bei diesen Grundsätzen und Idealen verharrt,
um so fester das Volk auf alle Fälle zu ihr stehen wird, wie es
einst zu ihr gestanden hat. Nicht darauf kommt es an, liberal
zu sein, und wieder liberal und immer liberal; viele Punkte der
landläufigen liberalen Schablone, financielle, volkswirthschaftliche,
allgemein humanitiäre, sociale; solche, welche darauf abzielen, das
Gefühl der Pflicht in dem Menschen zu ertödten; solche, welche
auf eine Vergötterung des Individuums hinauslaufen, würden
treffliche Gegenstände für einen Compromiß abgeben, so lange
einmal noch compromittirt werden muß. Aber in Dingen, die
den Kern und das idealste Wesen der liberalen Sache bilden, und
in denen fortwährend ein Compromiß von ihr verlangt wird: das
ist in der Frage der echten und bis auf den letzten Grund ge=
henden Verfassungsmäßigkeit und des echten Rechtsstaates, da muß
die liberale Partei auf ihrem formellen Recht und auf der Macht

die ihr ihre Zahl gibt, bestehen, da kann und darf, zumal wo es sich
um gesetzgeberische Neuschöpfungen handelt, kein Compromiß sein.
Die nationalliberale Partei hat nichts zu thun, als das, was sie sich
vorgenommen hat, wirklich und unablässig zu erstreben. Seitdem
das deutsche Reich fest steht, ist jeder Grund und Scheingrund zur
Unterlassung verschwunden. Hindernissen gegenüber bedarf es verdop-
pelter, nicht Heftigkeit, aber Nachhaltigkeit und Ernst des Angriffs.
Noch weniger aber darf in Dingen der persönlichen Würde compro-
mittiert werden. Das ist der schlimmste Fehler, den eine politische
Partei machen kann. Sachlich sein ist gut, aber es darf nie auf
Kosten der persönlichen Würde geschehen. Das ist der sicherste Weg,
um mit der Person auch die Sache zu verderben. Schwächliche persönliche Haltung ist die schlimmste Blöße, die man dem Gegner —
und der Reichskanzler ist zum mindesten zur Hälfte der Gegner der
liberalen Partei — geben kann; schwächliche persönliche Haltung
macht die Freunde verzagt und mißmuthig.

Die Politik, zumal wo sie vor den Augen des ganzen Volkes
öffentlich geführt wird, ist die vornehmste Beschäftigung, die es
gibt, und die an sie herantreten, müssen vornehmer Gedanken voll
sein. Das Volk hat für ein vornehmes und männliches Auftreten
mehr Sinn, als für das größte Talent, und stößt unweigerlich
über kurz oder lang diejenigen von sich, die seinen gerechten An-
sprüchen hierin nicht genügen. Aber die erste Pflicht des Gentleman
ist, seine Persönlichkeit ganz und voll, auch größten Verlockungen
gegenüber, auch in den schwierigsten Verhältnissen zu wahren. Es
kann kommen, daß diese Pflicht für den Augenblick in das Thal
des dunkeln Schattens führt, aber die politische Partei, die um
dieser ihrer Pflicht willen hinabsteigt, ist sicher, sich bald wieder
auf sonnenbeglänzter Höhe zu finden. Für die Todten, die in
solchem Kampfe fallen, liegen schon am Tage der Bestattung die
Kränze bereit, die nach kurzer Frist die Häupter der Wiedererstan-
denen schmücken sollen. Wer sich aber um jeden Preis an die
Höhe klammern will, stürzt zuletzt doch hinab und stirbt dort unten
den Tod, von dem es keine Auferstehung zu einem neuen politischen Leben gibt: den Tod an Mißachtung.